FLUXOS VITAIS ENTRE O *SELF* E O NÃO *SELF*

Blucher

FLUXOS VITAIS ENTRE O *SELF* E O NÃO *SELF*

O interpsíquico

Stefano Bolognini

Tradução

Diego Felipe Scalada

Título original: *Flussi vitali tra sé e non-sé. L'interpsichico*
Fluxos vitais entre o self *e o não* self*: o interpsíquico*

Publisher Edgard Blücher
Editor Eduardo Blücher
Coordenação editorial Jonatas Eliakim
Produção editorial Lidiane Pedroso Gonçalves
Preparação de texto Bonie Santos
Diagramação Negrito Produção Editorial
Revisão de texto Maurício Katayama
Capa Leandro Cunha
Imagem da capa iStockphoto

Blucher

Rua Pedroso Alvarenga, 1245, 4º andar
04531-934 – São Paulo – SP – Brasil
Tel.: 55 11 3078-5366
contato@blucher.com.br
www.blucher.com.br

Segundo o Novo Acordo Ortográfico, conforme 6. ed. do *Vocabulário Ortográfico da Língua Portuguesa*, Academia Brasileira de Letras, julho de 2021.

Dados Internacionais de Catalogação na Publicação (CIP)
Angélica Ilacqua CRB-8/7057

Bolognini, Stefano
Fluxos vitais entre o self e o não self: o interpsíquico / Stefano Bolognini ; tradução de Diego Felipe Scalada. – 2. ed. – São Paulo : Blucher, 2022.
256 p.

Bibliografia
ISBN 978-65-5506-075-1 (impresso)
ISBN 978-65-5506-076-8 (eletrônico)

1. Inconsciente (Psicologia). 2. Psicanálise. I. Título. II. Scalada, Diego Felipe.

22-0722 CDD 154.2

Índice para catálogo sistemático:
1. Inconsciente (Psicologia)

À Paola

Conteúdo

Agradecimentos

Meus agradecimentos às publicações *Rivista di Psicoanalisi, International Journal of Psychoanalysis, Psychoanalytic Quarterly, Psychoanalytic Inquiry, Journal of the American Psychoanalytic Association, Revista Peruana de Psicoanálisis, International Forum of Psychoanalysis, Revue Française de Psychanalyse, Le Coq Heron, Forum der Psychoanalyse, Psicoterapia Psicoanalitica, Docta, Revue Psychosomatique, Revista de Psicoanálisis de la Asociación Psicoanalítica de Madrid* e *Psychotherapies* pela oportunidade de republicação de textos (parcialmente reelaborados neste livro) que haviam aparecido anteriormente em seus números.

Agradeço às editoras Routledge e Karnac pela oportunidade de publicar partes reelaboradas dos trabalhos "In spite of my ego. Problem solving and the unconscious" (in *On Freud's "The Unconscious"*, editado por Mary Kay O'Neill e Salman Akhtar, Contemporary Freud Series, Karnac, Londres, 2013), e "In between sameness and otherness. The analyst's words in interpsychic dialogue" (in *Donald W. Winnicott and the History of the Present: Understanding the Man and His Work*, editado por Angela Joyce, Karnac, Londres, 2015, pp. 17-30).

Agradeço à editora FrancoAngeli pela possibilidade de utilizar parte do material referente ao capítulo "La relazione come funzione analitica" (in *La relazione psicoanalitica. Contributi clinici e teorici*, editado por Nicolino Rossi e Irene Ruggiero, Milão, 2017).

Sou profundamente grato a Paola Golinelli pelas constantes discussões teóricas e clínicas durante os últimos anos.

Um agradecimento especial, por fim, a todos os colegas italianos e estrangeiros que contribuíram generosamente por meio da discussão destes trabalhos na ocasião de diversos congressos e pela evolução dos pensamentos neles expostos.

Prefácio

Paola Marion

Alguns anos se passaram desde a publicação de *Passagens secretas*, e o discurso ora proposto por Bolognini nesta nova publicação é uma retomada daquele núcleo de pensamento psicanalítico do livro anterior que nos introduzira a um modo peculiar de fazer psicanálise e de ser psicanalista, nos guiando, simultaneamente, a um ponto de observação panorâmico sobre o mundo.

Eis o novo trabalho de Bolognini, *Fluxos vitais entre o* self *e o não* self. O interpsíquico começa no mesmo lugar onde o autor nos deixou à sua espera. A tolerância à espera é uma virtude analítica, mas também uma experiência que atravessa nossas vidas, e o leitor encontra agora um pensamento familiar, que seguiu sua "reflexão" em temas que o caracterizam de maneira peculiar e que, nesse ínterim, acabou ganhando terreno, profundidade e riqueza.

O livro dá suas boas-vindas com a imagem – e não será a única a acompanhar o leitor na profunda economia do texto – da "porta murada" nos subterrâneos da antiga casa de família, situada nos Apeninos bolonheses. A "porta murada" demarca um limiar ideal que separa "um além" concebível apenas por meio de sonhos, fantasias e fabulações, como aconteceu ao autor, primeiro durante sua infância e depois na adolescência. A imagem evocada é a representação eficaz de uma metáfora que Bolognini mobiliza para nos introduzir no "mundo subterrâneo" do trabalho analítico, na exploração dos conteúdos inconscientes com os quais nos deparamos sem usar "lupa nem bússola", respeitando, quando convém, também o limiar traçado pela "porta murada". Para Bolognini, a psicanálise é "a ciência do caminho percorrível rumo ao inconsciente", afirmação que, deixando de lado qualquer gênero de idealização e absolutização, revela-nos de imediato a postura característica do autor e nos restitui uma visão laica de nossa disciplina, que recusa qualquer tentação a eventuais exageros ideológicos.

A epígrafe do Capítulo 1, extraída de um provérbio chinês ("Há duas coisas duradouras que podemos almejar deixar como legado a nossos filhos: as raízes e as asas"), assume um sentido profundo e nos revela uma faceta peculiar da pesquisa de Bolognini. As "raízes" estão arraigadas no terreno da "antiga casa" de família, erigida "em seixos de rio", um espaço que se amplia e se estende à passagem conhecida e afetivamente impregnada de sua terra, a Emília, bem como de sua cidade, Bolonha. Usando referências pessoais, Bolognini nos fala de outras "raízes", aquelas que remetem ao vínculo com a família e com a cultura psicanalítica de origem, que nutre o crescimento de cada um de nós e constitui uma espécie de "campo-base" da nossa estabilidade intelectual e emocional. Em virtude desses vínculos, podemos alçar voos, nos sentindo suficientemente amparados e sem que experimentemos grandes sobressaltos. Quanto mais robusto o sentido de nossa identidade analítica, tanto mais amplo será o raio de nosso voo, permitindo-nos a exploração de territórios estranhos a nossas referências habituais. A esse respeito, Bolognini nos oferece um notável exemplo quando, no Capítulo 2, ao abordar o fenômeno da "intuição", discorre sobre a contribuição da psicologia cognitiva como algo que – em suas palavras – vai "muito além do campo especificamente teórico e clínico exclusivo à psicanálise". Temos assim uma pequena "degustação" da estrutura polifônica do texto, que relaciona os diversos temas em um coro múltiplo de vozes. O discurso propriamente psicanalítico associa-se a referências de outras áreas do conhecimento, inclusive literárias, a episódios históricos, a recordações e a imagens da vida privada do autor, que transita de um campo a outro com grande desenvoltura.

Portanto, as "asas" nos permitem sair da "muralha defensiva" dentro da qual corremos o risco de nos encerrar, e o entrelaçamento dos dois termos (raízes e asas) produz um crescimento fecundo e uma expansão produtiva, seja no âmbito profissional, seja no pessoal. Essa associação não é genérica; ela se refere a um tema caro a Bolognini, aquele do risco de uma "abordagem subjetiva" rígida em que os analistas por vezes incorrem, de uma "fixação" identificativa que, como se dá no instituto jurídico do "*maso chiuso*[1]" – outra potente imagem mobilizada nas *Passagens secretas* –, implica o encerramento de uma repetição hereditária (aquela do filho primogênito do sexo masculino) e a expulsão de tudo que parece ameaçar essa lógica. Retomarei este tema adiante.

A escrita se vale de uma linguagem simples, quase coloquial, todavia longe de soar simplista. Trata-se, antes de mais nada, de uma simplicidade tão somente aparente, que oculta – como uma peça refinada de alfaiataria – um longo, paciente e acuradíssimo esforço, absolutamente invisível a olho nu, e que no entanto confere elegância ao vestuário costurado a mão. Adentrar nos vincos deste trabalho e "descoser" a complexa tessitura que confere seu resultado final não é uma tarefa simples. O livro se desdobra segundo um

1 Instituto jurídico medieval cujo objetivo era evitar a fragmentação de terrenos agrícolas; para tanto, restringia a herança de terras ao filho homem primogênito, cabendo aos demais filhos o direito à indenização pecuniária.

andamento helicoidal, os fios da trama se entrelaçam, a argumentação que nos é oferecida e que figura em primeiro plano passa ao plano de fundo para dar lugar a outro tema, para somente então reaparecer e assumir seu protagonismo em cena, amiúde por outro ponto de vista ou outras cadeias associativas. Como o Mestre Zen do qual Bolognini nos fala no Capítulo 1, diria que o livro "se apresenta", seu conteúdo não é explicitamente declarado; cabe ao leitor, portanto, deixar-se surpreender, escutar os efeitos e as reverberações que ele suscita dentro de si.

O texto mantém algumas linhas de pesquisa que refletem as principais premissas mediante as quais a psicanálise italiana se desenvolveu, seja sob o viés da relação analítica e da relação psicanálise-psiquiatria, seja sob a égide de indagações referentes às primeiras fases do desenvolvimento. Isso atesta o quanto a formulação teórico-clínica do autor faz parte de um ambiente muito mais amplo, no qual Bolognini mantém uma presença assídua, seja por sua contribuição para criá-la, seja por quanto ele próprio se formou por meio dela. Sobre os temas abordados, o autor propõe um ângulo original capaz de restituir aos leitores uma face de sua trajetória pessoal. Em síntese, eu descreveria essa face dando especial atenção às "trocas psíquicas" e às condições em que se concretizaram, tanto no âmbito vertical entre o ego e o *self*, ou entre os diversos aspectos do *self*, quanto no âmbito horizontal, no encontro entre dois mundos internos, entre o *self* e o não *self*, seja na relação analista-paciente, seja nas primeiras fases do desenvolvimento com os objetos primários. Essa linha de pesquisa que perpassa todo o texto irrompe como um tema musical central ao longo da obra. Representa uma visão muito peculiar voltada ao objeto de investigação, por meio do qual o autor lê e interpreta um vasto espectro de situações, indagando as modalidades e condições para que uma autêntica "troca interpsíquica" se realize, quais são os passos graduais para alcançá-la, bem como o significado que esse processo assume na economia interna do paciente e em suas relações.

Desse *corpus* se desdobram vários percursos que dão cabo à reflexão do autor acerca de suas principais áreas de interesse. Um deles, seguramente, diz respeito ao conceito de pré-consciente, zona privilegiada desse limiar, "reino intermediário" que permite aproximar os derivados do inconsciente, e no interior do qual é possível entrar em contato com os estados do *self* do paciente com bastante fluidez, de modo a ajudá-lo a se familiarizar com o não *self*. Trata-se de um conceito central na economia do trabalho de Bolognini, que nos aproxima de sua ideia de psicanálise – "ciência do caminho percorrível rumo ao inconsciente" – por sua qualidade em se manter "contatável e experimentável", acessível à consciência sem excessivo dispêndio energético. Green (1974) define o pré-consciente como "uma agência que vincula", um "processo terciário", responsável por desempenhar um importante papel de mediação e de encontro entre o processo primário e o secundário, um espaço transicional entre o ego e o id, suscetível a promover trocas prolíficas entre o paciente e o analista. A viabilidade do pré-consciente, que Bolognini compara ao sistema de galerias e passagens subterrâneas que interconectava os castelos do período medieval, oferece inúmeras vantagens. O trânsito no interior dessa área permite "transpor as barreiras fronteiriças do ego defensivo e do superego sem taxas alfandegárias, controles e burocracias", bem como trabalhar com o que está mais próximo ao ego do paciente.

A metáfora medieval é empregada justamente para indicar as "passagens secretas", as vias invisíveis ao exterior, por entre as quais nossos objetos internos viajam, e por meio delas podemos nos aproximar dos derivados inconscientes que conseguimos filtrar, tornando-os paulatinamente "mentalizáveis" e contribuindo para que o paciente se familiarize "com a própria vida psicoemocional".

O autor descreve o enquadramento analítico que tem por objetivo "trabalhar com aquilo que é mais acessível ao analisando durante a sessão, em vez daquilo que o é em menor grau" (Busch, 2014, p. 49). A mesma regra de conduzir a interpretação àquilo que está mais próximo ao ego significa respeitar aquilo que o paciente está em condições de compreender (capturar dentro) durante o tratamento, bem como de integrar, ajudando-o a proceder a partir daquilo que é mais superficial em direção ao que é mais profundo, poupando-lhe as "feridas narcísicas" abertas pela pretensão analítica de acessar diretamente o inconsciente, sob risco de contrariar a finalidade terapêutica ao alimentar excessivas resistências (Green, 1974). O espaço concedido ao pré-consciente se conjuga com a atenção do autor dispensada à "realidade", à "plena realidade" do paciente, não somente ao que "subjaz ao fundo" – como adiantou Semi no prefácio a *Empatia psicanalítica* (2002) –, e será precisamente um trabalho sob esses moldes que permitirá um melhor acesso àquilo que afirmamos ser o inconsciente.

Encontramos um exemplo notável desse cuidado com as instâncias acessíveis do paciente no Capítulo 6, "Seis procedimentos técnicos mínimos de uso comum", que versa sobre as formas mais utilizadas no diálogo com o paciente e que, com alguma suficiência, amiúde passam despercebidas e sobre as quais não se despende demasiada atenção. Em vez disso, a importância dada a elas por Bolognini deriva do fato de que, sendo "percebidas como essencial e consensualmente naturais no diálogo analítico", atuam como proveitosos instrumentos interpsíquicos que "propiciam o trânsito entre o *self* e o não *self*". Como exemplo, passo à citação de algumas delas. A pergunta, dirigida ao paciente com um simples "Como assim?", de modo a especificar o que está sendo dito, contém um riquíssimo substrato e desenvolve uma importante função terapêutica: mostra sobretudo um analista apartado da onipotência, capaz de aceitar seu desconhecimento sem laivos de vergonha, um analista que pede a colaboração e a ajuda do paciente, e que está disposto inclusive a revelar a própria incompreensão ou ignorância. Assim como o uso do "nós" pode ser empregado para facilitar ou ensejar uma "boa fusionalidade" onde ela simplesmente mingua e, por meio da "alternância fisiológica entre o senso de individualidade e o de alteridade", consolidar uma aliança de trabalho. Daí advém a imagem de um analista ciente dos próprios aspectos onipotentes e de uma psicanálise a serviço do paciente, e não o contrário, como muito se constata por aí. A essas formas, permito-me acrescentar algumas outras que me parecem ir na mesma direção. A primeira diz respeito à capacidade de admitir um equívoco quando ele acontece, e pode acontecer (a pesquisa dos significados, inclusive os profundos, daquilo que aconteceu, virá somente depois), não apenas para revelar nossa estranheza à ideia de sermos infalíveis, mas também para mostrar nossa tolerância ao erro. A segunda consiste em poder manifestar, em alguma medida, também as passagens que nos levaram a estabelecer determinada interpretação ou a fazer determinada intervenção. Trata-se de um regime de "oportunidades equivalentes" que permite ao paciente acessar, mesmo que momentaneamente, nosso funcionamento interno, e de poder beneficiar-se em um percurso identificativo.

A exposição sobre o pré-consciente introduz o leitor a alguns conceitos que são intrínsecos ao trabalho de reflexão de Bolognini e que caracterizam sua produção, como os de ego e de *self*. O Capítulo 2 aborda e descreve as situações em que a capacidade do ego lesado impede as "consultas intrapsíquicas enriquecedoras" e, outrossim, descreve os modos pelos quais é possível construir uma colaboração proveitosa entre o ego e o *self* no indivíduo. A atenção de Bolognini ao ego e às suas funções remonta aos anos da *Empatia psicanalítica* (2002), obra que contém um capítulo dedicado à "análise com o ego e a análise *com* o *self*", de notável clareza argumentativa. Naquelas páginas percebemos como sua atenção ao ego inspirou-se na definição proposta por Laplanche e Pontalis (1967; ego como núcleo de consciência e feixe de funções mentais, como uma instância de defesa e como instância mediadora entre realidade externa, id e superego) e como dessa complexa tripartição ele considerou sobretudo a primeira acepção. Na presente obra, sua argumentação se aprofundou e tornou-se ainda mais fluida. Penso em algumas observações finais que Laplanche e Pontalis (1967) sempre dedicaram ao conceito ao se perguntarem se, definitivamente, não seria mais útil concebê-lo como "uma formação interna que encontra sua origem em *algumas percepções* privilegiadas, provenientes, via de regra, não do mundo externo, mas do mundo inter-humano" (p. 266). Parece-me que o argumento de Bolognini hoje vai nessa mesma direção ao afirmar que o ego reflete o complexo processo de cuidados a que fomos submetidos durante a nossa infância, figura como um herdeiro ou, nas palavras de Bollas (1989), representa "uma forma profunda de memória constitutiva".

Portanto, a atenção se volta sobretudo às funções que o "ego central" do paciente e do analista desempenha nos objetos internos e no *self* do sujeito, na relação entre os dois termos no equilíbrio psíquico do indivíduo. Podemos conceber a função estabelecida entre o ego e o *self* como uma aliança na qual se alternam ora momentos em que prevalece a observação reflexiva (ego), ora momentos cuja primazia e preponderância da complexidade experiencial pertencem ao *self*. Um dos objetivos que Bolognini atribui à análise consiste em ajudar o paciente a criar "uma *harmonização cooperativa entre as várias partes do self*", e, quando tais sinergias ou "*formas de cooperação*" naturais estão ausentes ou são insuficientes no percurso evolutivo, caberá à análise restabelecer uma boa colaboração ego-*self*, reparar as falhas, dissolver a rigidez, bem como reabrir os canais de comunicação que foram obstruídos.

O autor recorre a algumas fórmulas conceituais que – como ele mesmo descreve – lhe são "caras" e que inclusive os leitores saberão reconhecer como próprias e características de suas especulações. Central na obra é sua argumentação sobre o intrapsíquico e o interpsíquico, já proposta em *Passagens secretas* e aqui ampliada e enriquecida mediante uma profunda reflexão a respeito da intimidade. No que tange ao interpsíquico, o autor dedica o Capítulo 5 do livro aos aspectos que o distinguem do intersubjetivo e do interpessoal. Aqui reside o cerne da proposta teórica de Bolognini, constituindo-se como um fio condutor na economia da presente edição: "O tema fundamental é precisamente a qualidade da experiência vivida pelo indivíduo quando em contato íntimo e substancial com o outro". A qualidade da experiência oriunda do atual encontro no âmbito interno do par analítico esclarece as diferentes modalidades de encontro, outrora caracterizadas pelos pares mãe-filho, pais-filho, e nos fornece valiosas indicações sobre a intimidade e sobre a relevância das relações primárias. O interpsíquico está diretamente ligado às "trocas de conteúdos internos entre duas pessoas" e a seus equivalentes no plano psíquico, ao modo como o mundo interno do eu se conjuga com o mundo interno do outro e às modalidades de mediação e negociação tanto na análise quanto na vida, entre a percepção do *self* e do não *self*, e às passagens necessárias, embora momentâneas, para a inclusão do não *self* no próprio *self*. Com essa descrição contribui também o conceito de *transicionalidade*, associado por Bolognini à ideia de "*espaços condominiais intersubjetivos*" e que, por sua vez, leva aos contatos preliminares entre aparatos psíquicos e não intrusivos, os quais – para seguir na metáfora – se detêm no vestíbulo e, a despeito do tratamento cortês, ainda não foram convidados a entrar em casa para tomar um café.

Os equivalentes psíquicos e relacionais dos processos intercorpóreos – a questão das zonas mucosais e de seu significado foi abordada em um denso capítulo de *Passagens secretas* – são instrumentos que nos aproximam da reatualização da "cena inconsciente" fundamental e nos informam sobre como as coisas se deram ou deveriam ter se dado nas relações primárias e nas trocas precoces pais-filho: "Cabe aos analistas", diz Bolognini, "compreender o incessante fluxo profundo da *equivalência simbólica entre corporeidade e psiquismo*, orientando-se, consequentemente, pelas trocas íntimas cotidianas" com os próprios pacientes, reconhecendo as necessidades (quando a criança interna tem fome ou dor de barriga) e as satisfazendo "como se pode e quando se pode". No ilustrativo caso de Antônia, como no resto do material clínico que acompanha a discussão teórica, podemos ver em funcionamento a intersecção dos diversos planos e, sobretudo, observar a relação intrapsíquica do *self* enquanto objeto que reflete as relações primárias originais. A relação analítica oferece um novo cenário ao interpsíquico, nem sempre fruível desde o primeiro momento, de modo que a escuta e a observação do analista se prestam a registrar tanto a qualidade da experiência vivida por parte do indivíduo quando entra em contato, quanto a extensão na qual tudo isso acontece. O autor enfatiza como o interpsíquico representa um funcionamento "*em banda larga*", no qual a separação do objeto se alterna com momentos de fusionalidade, para reassumir então um prolífico distanciamento. Sublinho esse ponto – que me parece muito importante inclusive do ponto de vista da técnica. Com pacientes que, em seu tempo, não se beneficiaram de uma "*fusionalidade comensal e cooperativa*", nossas intervenções, nossas interpretações podem e devem manter momentos de fusionalidade saudável, como forma de sentir junto ao outro e, ao mesmo tempo, ajudá-lo a construir instrumentos internos adequados para lidar com sentimentos insustentáveis de vazio e solidão.

A "intimidade", cujo preâmbulo se desenrola em momentos de contato e trocas especiais, inclusive intercorpóreas, no âmbito interno da relação mãe-filho, representa o *medium* no qual se estabelece uma comunicação "fisiológica" entre dois mundos internos. A argumentação sobre a intimidade da relação primária expande-se em reflexões acerca de como se portar na condição de paciente e analista, sobre a qualidade do contato fluido e criativo que podemos travar tanto na dimensão vertical do nosso espaço psíquico quanto na horizontal, inerente à relação. O livro dedica um parágrafo ao "trabalho conjunto" entre paciente e analista dentro de um "contexto associativo comum", caracterizado por passagens inconscientes que vinculam paciente e analista "em um processo fusional e em uma identificação primária". A reconstituição ou constituição – quando esse processo está ausente – de um "*nós* funcional", da "alternância fisiológica entre o senso de individualidade e o de alteridade", constituem um dos objetivos de nosso trabalho.

Bolognini discorre sobre a relação ego *self*/não *self* em outros dois capítulos, o 7, dedicado aos "pacientes pré-sujeituais" e "pré-analíticos", e o 8, que versa sobre a relação entre psicose e psicanálise. Nesse último capítulo, o autor se permite um *self-disclosure*, revelando suas referências teóricas ideais: o Freud de *Luto e melancolia,* Winnicott e Bollas, mencionado a respeito de *A sombra do objeto*, sua obra de estreia. São autores cujo pioneirismo permitiu entrever a relação ego-*self* "*como um equivalente funcional intrapsíquico condensado da relação primária mãe-filho*" e a relação com o *self* como objeto, uma relação complexa que exprime as fantasias inconscientes e "o sistema materno de cuidado" (Bollas, 1989). O modo pelo qual o paciente se trata, reflexo dos modos como foi tratado, permanece registrado e inscrito no intrapsíquico, desdobrando-se em trocas interpessoais. Não obstante, o leque de referências e de conexões entre os autores com os quais Bolognini mantém um fértil diálogo é muito mais amplo, afastando-se de qualquer obviedade. Daí advêm sua atenção e sua curiosidade para com o pensamento analítico em suas várias expressões, a experiência e o conhecimento adquirido ao longo de sua atuação em instituições psicanalíticas de peso e sua imersão na psicanálise mundial.

Voltando aos capítulos anteriormente mencionados (7 e 8), nosso olhar se volta aos pacientes que subitamente tiveram relações muito conturbadas e inadequadas, aos casos nos quais a natureza "torna-se inimiga", prevalecendo uma real e aguda "carência sensorial e afetiva". Antes de reativar as trocas nutritivas – e isso poderá ocorrer muito frequentemente apenas no âmbito da "nutrição placentar" –, é necessário que estejamos dispostos a atravessar regiões desérticas, territórios áridos e desprovidos de vida, que estejamos onde o paciente nos convida "a provar, e provar juntos". No trabalho com pacientes graves e em situações pós-traumáticas, Bolognini recupera o sentido do trabalho realizado no âmbito do ego – um trabalho que pode ser de tipo informativo e descritivo, como "olhar juntos um mapa" a fim de precisar onde nos encontramos, e que constitui a premissa para uma "redução do dispêndio energético" que nutre as defesas, para ganhar espaço no *self* recalcado ou, nos casos mais graves, cindido e dissociado, de modo a criar uma harmonia entre o ego e o *self* que talvez nunca tenha de fato existido.

Sobre os aspectos econômicos da relação ego-*self* e do dispêndio energético, não será tarefa fácil ao leitor esquecer a sugestiva imagem do paciente neurótico como alguém que não perde capital (viaja com toda a bagagem de que dispõe), mas antes deve "*arcar com despesas muito elevadas para sustentar o recalque*", ao passo que outros tipos de pacientes, empobrecidos por importantes cisões e projeções de partes do *self*, viajam sem bagagem, mas com grandes perdas em sua parcela de capital. Estes últimos dizem respeito aos pacientes que Bolognini insere na categoria "antes do intersubjetivo" (pensemos na ideia de um paciente analítico a ser "construído") e que desafiam a psicanálise propondo uma situação paradoxal: seu problema de fato remonta à pobreza do mundo interno e às diversas modalidades de interação com ele, justamente os fundamentos sobre os quais a psicanálise está assentada. Seu aparente funcionamento adequado no plano social muitas vezes oculta uma vida interior estéril, uma incapacidade de relação profunda com o outro, uma ausência de trocas estabelecidas de interior para interior. São situações com as quais frequentemente nos deparamos em nossos estudos e das quais Bolognini nos fornece alguns exemplos brilhantes. Faço notar, em especial, o caso de Renata, mas também o de Letícia. A descrição clínica que acompanha a reflexão teórica põe o leitor em contato com o analista em campo, com o longo trabalho preparatório de trocas interpsíquicas, com a dosagem meticulosa de momentos nutritivos para o *self* e as oscilações moderadas e sob controle com o não *self*, imprescindíveis à construção de um "espaço psíquico" e de uma área intersubjetiva e interpessoal. Ao longo desse percurso, a experiência da alteridade também deve ser sabiamente domesticada antes que se possa efetivamente constituir um polo de troca proveitoso.

Eu não poderia encerrar estas páginas sem mencionar aquilo que, a meu ver, se apresenta como tema de fundo e que – embora não encarado diretamente – permeia todo o livro: a identidade analítica do psicanalista. Tal como a "frase" musical do Swann proustiano que retorna e "se levanta sobre as ondas sonoras", os temas abordados vêm ao nosso encontro para surpreender, conquistar e se projetar dentro de nós. O livro de Bolognini é na verdade o "manifesto" da identidade psicanalítica de seu autor. Trata-se de um plano que flui num nível subjacente, embora contínuo, e que emerge através de considerações que parecem quase casuais, com breves incisões, inserções aleatórias, revelando, malgrado as aparências, uma ideia precisa e pessoal da psicanálise, da constituição e da formação psicanalíticas, de fazer e transmitir a psicanálise. Essa é – a meu ver – a mensagem mais profunda e valiosa que

Bolognini nos transmite em sua obra. Saímos da leitura com a sensação de que o autor nos acolheu e nos conduziu com sua vasta experiência analítica, tanto profissional quanto institucional, e nos colocou em profundo contato com a ideia da psicanálise e do profissional psicanalista amadurecida dentro de si. Segundo minhas impressões, eu a definiria como uma visão "laica" e "minimalista" da psicanálise. Emprego esse último termo para apontar uma conduta do trabalho clínico, bem como da elaboração teórica, jamais absolutizante, consciente da complexidade multiforme de nossa disciplina, de nossos limites e extremos, respeitando, com o devido cuidado, aqueles do paciente. No que tange à "laicidade", penso nas páginas valiosas que Bolognini (2018) escreveu sobre a relação e os movimentos transferenciais que cada analista mantém com suas teorias eletivas e com seus autores de referência. Gostaria de recordar apenas um ponto que aborda de modo muito específico um perigo em nossa formação: aquele, manifestado com alguma frequência, da "excessiva identificação projetiva do analista com determinado autor que o inspirou". Se isso nos absolve de conflitos e incertezas, produzindo assim uma indubitável e aparente "vantagem econômica", por outro, dá origem a um radical empobrecimento, um verdadeiro "dano patrimonial". O perigo de se ensimesmar e de nutrir excessivas idealizações pode fazer com que nos afastemos dos elementos pessoais identitários e da criatividade relacionada ao reconhecimento dos movimentos transferenciais que movem nossas escolhas teóricas e à sua elaboração dentro de nós.

A tentação de cultivar dentro de nós um lugar ideal e investido em demasia – seja de uma teoria, de um autor ou da própria ideia de psicanálise e de instituição psicanalítica –, ou seja, de habitar um *hortus conclusus*,[2] está sempre presente em nossa comunidade.

---

2 Jardim fechado.

A necessidade de nos relacionar com um objeto ideal, além de nos tranquilizar, de passar a ilusão de que estamos protegidos, pode revelar uma outra face da moeda, ou seja, uma satisfação narcisística que compensa o aspecto rígido da austeridade, da privação sensorial e da disciplina a que nos sujeitamos na prática de nosso ofício. Isso carrega, não obstante, um perigo ardiloso, ou seja, aquele de nos encerrarmos numa dimensão endogâmica e autorreferencial, reproduzida ao longo de gerações e que tende a excluir relações externas e diversificadas, bem como o confronto criativo com a alteridade no âmbito cultural e institucional.

Contudo, a imagem da psicanálise que Bolognini nos projeta ao fim de sua jornada, inclusive por meio de relatos clínicos, sobre os quais não me debrucei e que todavia constituem parte importante do texto, é complexa, poliédrica e humana. Ela nos impele à integração, como o próprio autor afirma no último e conclusivo capítulo do livro, dedicado ao tempo. E é justamente ao se referir a essa dimensão que o autor observa como "também a relação dos psicanalistas com o tempo . . . *esteja mudando em sentido integrativo: e isso não apenas conceitualmente*, mas também funcionalmente, como competência técnica". A capacidade de oscilar e "deslizar" - um termo caro ao autor - entre uma posição sincrônica e uma diacrônica representa o sinal de uma postura atingida pela psicanálise, a qual, uma vez superadas as fases "extremistas", pode agora olhar a si mesma com maturidade e equilíbrio. Em especial, poderá tender à integração das várias dimensões temporais que perpassam uma sessão: o aqui e o agora, o lá e o então, o todo e o sempre, apurando a audição ao que naquele momento é relevante ao paciente e a seu material clínico.

Após conduzir o leitor pela mão por uma revisitação do mecanismo da repetição, distinguindo-o daquilo que se reitera e daquilo que se reencontra, Bolognini se despede introduzindo-nos à "área conceitual da *consubstancialidade*". Do ponto de vista temporal, a ideia de consubstancialidade exprime a experiência de uma "*natural continuidade*" que, durante a sessão, alcançamos pelas mais diversas dimensões temporais, inclusive aquela atemporal pertencente ao onírico, no interior da qual se desvela o discurso do paciente:

> *Pretendo dizer, em simples palavras, que com o tempo e a prática torna-se bastante natural não apenas teorizar, mas realmente sentir, imaginar, pensar, conceber que não pode haver uma grande descontinuidade entre aquilo que o paciente sente em relação aos objetos externos, ao analista, a alguns aspectos de seu* basic-object *remoto, e aquilo que sentirá em relação a seus futuros interlocutores de determinado feitio,* como no passado, como aqui agora, como fora daqui agora, como todas as vezes que . . .

Contudo, o conceito de consubstancialidade não se limita a essa dimensão, refere-se também a uma modalidade de funcionamento psíquico que, para o analista, se afigura como um recurso que o habilita a "ampliar o sentido da análise em relação a tudo que escuta e vivencia na sessão", como nos mostra de maneira luminosa o exemplo clínico de Olímpia.

A descontinuidade e a mudança, enfim, todas as possíveis transformações, dependerão, isso sim, de quem irá acolher e de como será acolhido o "*todas as vezes que*", tudo aquilo que se repete e que, não obstante, retorna. Assim também o objeto psicanalítico em sua fundamental e recorrente estrutura foi acolhido, no livro, por um pensamento criativo, devidamente restituído a um leitor revisitado, expandido e diverso.

Referências

Bollas, C. (1989). *L'ombra dell'oggetto. Psicoanalisi del conosciuto non pensato.* Tr. it. Raffaello Cortina, Milano, 2018.

Bolognini, S. (2002). *L'empatia psicoanalitica.* Bollati Boringhieri, Torino.

Bolognini, S. (2018). Incanti e disincanti nella formazione e nell'uso delle teorie psicoanalitiche sulla realtà psichica. *Rivista di Psicoanalisi*, 3, pp. 533-548.

Busch, F. (2014). *Creare una mente psicoanalitica.* Tr. it. Armando, Roma, 2016.

Green, A. (1974). Surface analysis, deep analysis. The role of the preconscious in psychoanalytical technique. *International Review of Psychoanalysis*, 1, pp. 415-423.

Laplanche, J., Pontalis, J.-B. (1967). *Enciclopedia della psicoanalisi.* Tr. it. Laterza, Bari, 1981.

Semi, A. A. (2002). Prefazione. In: Bolognini, S. *L'empatia psicoanalitica.* Bollati Boringhieri, Torino.

1. Passagens secretas para o inconsciente: residências emocionais, formas de contato e de exploração

Há duas coisas duradouras que podemos almejar deixar como legado a nossos filhos: as raízes e as asas.

Provérbio chinês

Em todos esses anos de trabalho clínico, pude notar que, para muitas pessoas, o local em que residem definitivamente não corresponde a sua residência emocional profunda. Muitos vivem em uma cidade, inclusive no exterior, tendo concretamente se distanciado, desde sua juventude, dos lugares e das famílias de origem pelos mais diversos motivos de ordem externa (estudo e trabalho são os mais frequentes) e/ou de ordem interna (por exemplo, a necessidade de se distanciar de relações familiares demasiadamente intensas ou muito pouco envolventes).

Contudo, impressionou-me sempre a persistência, às vezes não de todo consciente, dos potentes vínculos subterrâneos com aqueles lugares e com aquelas famílias, amiúde minimizados ou subjetivamente negados, que permanecem indefinidamente constituindo verdadeiras *simbioses invisíveis* (termo que devemos à criatividade investigativa de José Bleger [1967]) e que se revelam com toda a sua força dramática nos momentos críticos, como a perda de um progenitor ou a supressão dos elementos de *base fantasmática* levada dentro de si, no âmago profundo, mesmo em situações de distância geográfica e sob um aparente regime de esquecimento.

Sempre me impressionaram (embora o exemplo não seja dos mais edificantes, não lhe falta eficácia) aquelas histórias sobre os clãs mafiosos das grandes metrópoles estadunidenses nos anos 1930 e 1940 que, em virtude de decisões irrevogáveis, manifestavam, com uma devoção quase religiosa, um apego às raízes familiares, por vezes situadas nos grotões recônditos do interior da Sicília, para onde os chefes do Brooklyn ou de Chicago regressavam às suas origens para consultar as "famílias", revelando assim residências emocionais e cenários internos surpreendentemente diversos em relação à sua verdadeira localização geográfica.

O cinema nos forneceu representações inesquecíveis dessas geografias interpsíquicas individuais e de grupo.

Nos dias de hoje, um indício eloquente de nossos cenários cenográficos individuais reside justamente na escolha da imagem de abertura presente na tela de nossos computadores: fotografias que retratam lugares ideais, sempre distantes e exóticos, ou – como mais frequentemente ocorre – que nos apresentam diariamente ambientes e pessoas que nos são familiares e que fazem parte da nossa existência presente ou pretérita; essas imagens revelam cenários de base que servem de fundo a nossas vidas internas; nós as colocamos ali, um tanto quanto idealizadas e nem sempre em operações conscientes, para que nos façam ser e sentir aquilo que somos.

Enfim, cada um tem o seu cenário, um cenário interno no qual é facilmente possível encontrar representações, sejam concretas, por analogia ou de maneira simbólica, das coisas que pertencem às nossas próprias vidas. Assim como os demais, também eu tenho meu cenário, que faço questão de lhes apresentar a fim de proporcionar uma ambientação imaginável, não muito nem exclusivamente abstrata, para alguns pensamentos psicanalíticos. A antiga casa, erigida em seixos de rio sobre as colinas dos Apeninos bolonheses, berço de minha infância e lugar de representação de tanta vida onírica minha e de meus familiares, abriga, no piso térreo de frente à escada que leva aos andares superiores, uma pequena porta medieval de madeira maciça que dá acesso à adega. Até o fim dos anos 1950 havia muita vida lá embaixo, e disso me lembro muito bem: homens atarefados que descarregavam dos carros, durante dias, pesados caixotes repletos de uvas, trocando entre si poucas, porém enérgicas e peremptórias palavras; mulheres sentadas no chão cortando os cachos de uva para acomodá-los em caixinhas para o mercado, tagarelando em dialeto sobre as coisas da vida; o cheiro do mosto nos tonéis, os grandes barris silentes e – todas em fila – milhares de garrafas; degustações, negócios e contratos; nós, crianças, ouvindo tudo aquilo repletos de curiosidade. Os caixotes de uva eram transportados por veículos agrícolas puxados por bois, visto que naquelas bandas ainda não havia muitos tratores, tampouco carros; era um mundo rural não muito diferente daquele dos séculos XVIII e XIX, pensando bem, com todas as injustiças sociais e, não obstante, com uma miríade de diversidade humana, de sons, cores e contatos hoje inimagináveis.

Hoje aquele mundo já não existe. Todas aquelas pessoas já não existem, embora eu me recuse a aceitar. Nas palavras de Attilio Bertolucci (1929), "Ausência, a mais aguda presença", e é de fato assim. A casa esteve sempre lá, mas hoje ninguém a habita. Hoje, transposta aquela porta de nogueira maciça, entra-se numa verdadeira penumbra, pesada, e subitamente nos deparamos com a densidade misteriosa dos séculos, incluídos aqueles ocultos em seu silêncio.

Descendo as escadas, sob a luz de um candeeiro, adentramos em um salão com pavimento de pedra, repleto de barris e tonéis há muitas décadas vazios, do qual se projetam outras portas misteriosas.

Uma delas é murada.

Pouco mais adiante, uma porta ainda menor, em madeira castanha escuríssima e carcomida pelo tempo, constitui a maior atração para os hoje raros visitantes do local: dela se adentra nos verdadeiros pisos subterrâneos da casa, uma ramificação de estreitas galerias escavadas em rochas calcárias sabe-se lá quando e que levavam à *geladeira* (local de acúmulo e conservação da neve invernal para a despensa) e a um túnel estreito e comprido até a base da colina, outrora uma via de fuga em caso de invasões inimigas.

Os Apeninos bolonheses, aparentemente pacatos e pouco atraentes, na verdade ocultam um sinuoso e surpreendente subsolo entrecortado por vias medievais escavadas com pás e picaretas, uma espécie de queijo suíço em que cada passagem secreta tinha a sua dramática razão de ser e a sua história mais ou menos venturosa ligada àqueles séculos das trevas.

Mas a mim, na verdade, aquela porta anterior, a porta murada, sempre me intrigou: sobretudo porque me dei conta de que o pavimento no piso superior (ou seja, o andar térreo), se percorrido em correspondência à área aparente delimitada por ela, soaria vazio.

O que haveria para além daquela porta?

Certamente havia alguma coisa, eu podia deduzir isso pelo indício acústico e pelo fato de que uma porta daquele tipo, totalmente solene e engenhosa, com aquele arco em tijolos antigos e alvenaria em seixos de rio, não teria justificativa sem um vão posterior revestido de alguma importância.

Por que a haviam murado, muito provavelmente há alguns séculos, a julgar pelo emprego daquela técnica?

Eu sabia da existência de outros vãos murados sob aquela casa e de outros semelhantes na região, redescobertos a partir de reformas: mas naqueles casos os espaços sempre abrigavam materiais de escombros, cacos de barro, madeiras velhas, outras pedras etc. Aqui, não: parecia vazio.

Desde criança fui postergando à idade adulta a possibilidade de derrubar aquele muro e ver o que havia além daquela porta. Quando adolescente, porém, arrisquei algumas tentativas por iniciativa própria, usando martelo e estaca, mas antes que conseguisse remover a primeira pedra os mais velhos da casa me impediam, não me lembro por qual motivo.

Depois ingressei na universidade, conheci o mundo, e meus interesses se apartaram daquele subterrâneo, de modo que não voltei a pensar nele até que, com a análise, a porta murada reapareceu nos sonhos com uma força ineludível, pegando-me de surpresa. Em um sonho, crucial para mim, finalmente entrei naquele grande aposento, tanto tempo depois que eu o suprimira: e o que encontrei ali (ou, antes, reencontrei) mudou minha vida.

Um detalhe interessante a ser repensado hoje é que, no sonho, para entrar naquele local remoto e descobrir o que ele continha, não foi necessário usar nem martelo nem estaca. Peço que tenham em mente esse detalhe.

No célebre *Zen e a arte do tiro com arco* (1948), o filósofo alemão Eugen Herrigel, tendo vivido alguns anos no Japão para ensinar filosofia ocidental e decidido a fazer uma imersão total na cultura local, levou muito tempo para compreender que, para tensionar o arco e fazer a flecha disparar, não era preciso empregar nenhuma técnica mecânica e intencional.

O mestre japonês não podia explicar, de maneira eficaz e em termos filosóficos, se quisesse operar uma verdadeira transformação no filósofo.

Podia tão somente assisti-lo naquela experiência e acompanhá-lo como podia, de forma mais ou menos paciente e resignada; até que despertou de sobressalto, visivelmente emocionado, quando Herrigel, que por meses a fio havia tentado sem sucesso tensionar o arco, após diversas tentativas voluntariosas, já exausto e exasperado, desferiu um belo golpe com a flecha, quase sem querer.

Então o mestre se levantou, fez uma mesura e declarou, com um solene reconhecimento: "Hoje *se* atirou!".

O professor Herrigel, que durante meses havia tentado com alguma astúcia - sem deixar transparecer - diversas técnicas de tensão voluntária daquele maldito arco, ficara surpreso consigo mesmo, por haver algo nele que o havia precedido, esquivando-se do controle de sua intenção consciente. O que havia acontecido? Difícil de explicar.

De todo modo, o mestre fez questão de deixar claro que não havia se curvado *a ele*, mas *ao episódio*: ele "se" atirou.

Quase nunca acontece, na psicanálise, essa espécie de "Abre-te, Sésamo!" efetivamente voluntário e programável do acesso ao inconsciente, e ao mesmo tempo não há nada de mágico em nosso trabalho.

Na maioria das vezes, não obstante, há uma longa, paciente e analiticamente laboriosa coabitação psíquica que pode produzir aberturas e transformações, à espera de algo que virá, se vier; algumas vezes, sim, por mera *krysis*, mas muito frequentemente por uma lenta e diligente *lysis*.

Aliás, esta disposição inicial já marca a diferença entre um psicanalista e uma pessoa qualquer: poucos sabem tolerar a amplitude e a eventual tensão do silêncio, da espera, do não dito, quando por alguns instantes não se tem nada a dizer, antes mesmo de saber interpretar (do latim, *inter-pretium-dare = dar um preço, um valor, um sentido*) qualquer coisa.

Por mais estranho que pareça, poucos suportam não saber, e até mesmo os analistas muito frequentemente acreditam saber o que vai acontecer, o que virá, o que há do outro lado do muro daquela misteriosa adega; como é feito o inconsciente, o que há dentro dele, como abri-lo, como adentrá-lo, o que se entende por ele e o que eventualmente será possível fazer com ele. Nossa pesquisa teórica e clínica é, sem sombra de dúvidas, útil e necessária, e neste exato momento centenas, talvez milhares de colegas se dedicam com mérito a ela segundo as tendências e vertentes que mais lhes convêm.

Contudo, a realidade da prática quotidiana exige, na maioria das vezes, que tenhamos uma ideia muito difusa sobre até onde iremos com cada paciente, e de fato, tal incerteza concentra, paradoxalmente, uma sábia dignidade de nossa ciência e profissão: se um paciente, durante a consulta, me perguntar quanto irá durar a análise, respondo-lhe com grande serenidade que não se trata de estabelecer uma duração para a análise, mas antes de saber o quanto durará *a sua* análise; poderia concluir o raciocínio apontando-lhe que, se alguém ousasse uma previsão (talvez com o consequente agravante de uma assertiva ousadia), certamente não seria um psicanalista.

Por vezes, quando uma pergunta do tipo me é dirigida com aquela típica postura de suficiência e superioridade, minha vontade é responder citando, com bastante tranquilidade, uma célebre frase de Yogi Berra, campeão americano de beisebol, um rebatedor que levava os repórteres estadunidenses à loucura: "It's tough to make predictions, particularly about the future" ("É difícil fazer previsões, sobretudo em relação ao futuro").

Nossa força reside antes no método, associado à confiança oriunda de toda nossa experiência acumulada, geração após geração, de analistas, nós incluídos, que temos sido amparados pela psicanálise – para sermos claros – antes de mais nada em nossas vidas pessoais.

Contudo, essas passagens secretas que conduzem ao inconsciente existem, talvez até nos esperem – no sentido de haver um desejo ambivalente, conflitante e em todo caso muito poderoso de contato interno em cada ser humano – e todos nós nos deparamos com algum deles em determinado momento, tanto o nosso como o de outrem.

Nossa competência específica, apurada em anos de exercício e de trocas com colegas, não nos permite recuar e desperdiçar a oportunidade de explorar essas passagens secretas; o que, convenhamos, não é pouco.

Decorridos quase 120 anos da publicação da *Interpretação dos sonhos*, de Sigmund Freud – data a que se atribui, por convenção, o nascimento da psicanálise – conhecemos cada vez mais a complexa fisiologia do processo analítico, sem sombra de dúvidas, e muitas das configurações e do desenvolvimento que nele se manifestam; porém não podemos de fato prever sua sequência, alternância, intensidade e duração, justamente porque cada análise é uma história em si mesma.

Descobrimos muitas passagens secretas junto aos pacientes, e talvez não seja tão importante asseverar quem, no campo e durante o processo, as tenha detectado primeiramente.

Em alguma medida, diria o Mestre Zen, *se atirou*, e é esse *evento* que importa.

O pré-consciente

O fato realmente relevante é que essas potenciais passagens estão, antes de mais nada, disponíveis de maneira conflitante dentro de nós e podem de fato nos surpreender quando as descobrimos e tentamos usufruir delas.

Muito se escreveu sobre o pré-consciente, e as contribuições mais férteis na matéria encontrei em Lopez (1976, 1983), Green (1974), Filippini e Ponsi (1992) e Busch (2014).

Mas ainda há muito a ser escrito – a despeito de o argumento parecer datado em razão de sua forte raiz no âmbito da primeira tópica freudiana – nessa área, cuja frequentação durante as sessões pode se revelar incrivelmente fértil: nela, avançamos e retrocedemos, oscilando entre o processo primário e o secundário, entre a racionalidade, as recordações e as fantasias mais ou menos insensatas, numa dimensão flutuante muito próxima ao onírico; e a aparente imprecisão (tal como ela se afigura ao leigo) de nos fiarmos em associações e percepções complexas é compensada pelo rigor do *setting* que buscamos manter, bem como pela estrutura interna articulada com a qual concedemos crédito e liberdade ao próprio pré-consciente.

Ao longo dos anos, passamos a confiar excessivamente em nós sem assumir muito do que somos, sem que pensemos em nossa categoria, oficial e institucionalmente reconhecida como "psicanálise"; então, nós, psicanalistas, de fato logramos sê-lo, e não somente no papel, flutuando sem muitas expectativas ou pretensões numa espécie de suspensão suficientemente tranquila e potencialmente criativa.

Resignemo-nos, de qualquer modo, ao fato de não sabermos nada de antemão, e ao fato de que definitivamente não seremos "psicanalistas" tão somente após a aquisição de um diploma, e sim no dia a dia, sessão após sessão, se mantivermos vivo esse contato com nós mesmos, com os pacientes, com os colegas e com os objetos significativos presentes em nossa vida científica e pessoal.

Diversas profundidades: a identificação com os autores

Dentre as diversas metáforas da investigação do inconsciente em seus distintos níveis, são clássicas aquelas referentes à exploração das profundezas marinhas, evocadas para apreciar – mas também para não idealizar excessivamente – as reais possibilidades cognoscíveis. Eis uma imagem que pode causar certa irritação naqueles que valorizam o sentido, demasiadamente exclusivo, abstrato e idealizante do chamado *conhecimento* do inconsciente.

No dia 26 de janeiro de 1960, o famoso explorador subaquático suíço Jacques Piccard, com o seu batiscafo, desceu à vertiginosa profundidade de 10.916 metros na Fossa das Marianas (Oceano Pacífico). O batiscafo fora construído de modo a resistir à violenta pressão da água. Piccard e seu ajudante Walsh, protegidos por aquele invólucro de aço e com o auxílio de potentes faróis de iluminação, puderam constatar, através de uma espessa escotilha, que mesmo naquelas profundezas abissais a vida imperava: estupefatos, avistaram no fundo do mar algumas espécies estranhas de camarões e linguados, descoloridos e com aparência espectral.

Contudo, a experiência daqueles dois exploradores de fossas abissais, embora importantíssima, foi essencialmente visual; se tivessem entrado em contato direto com aquele ambiente, teriam sido esmagados pela pressão, obnubilados pela escuridão e congelados pela temperatura da água.

Tal como no Nautilus, de *Vinte mil léguas submarinas*, as profundezas verdadeiramente abissais são conhecidas apenas mediante a permanência no interior de um compartimento totalmente protegido, forte, metálico, capaz de resistir a pressões, temperaturas e desorientações inescapáveis que jamais poderiam ser encaradas por um ser humano desprovido de tais meios.

Do mesmo modo, o inconsciente profundo também é visto através de uma escotilha: o equivalente psíquico de uma espessa camada de vidro separa e protege o explorador do ambiente que o circunda.

O conhecimento adquirido dessa maneira é *teórico*, na acepção etimológica do termo, ou seja, visual (do grego *theoréin* = *ver*), e somente assim a Fossa das Marianas pode ser conhecida e explorada, seja ela real ou simbólica.

Portanto, os analistas, embora realmente capazes de *entrever* o ambiente profundo do inconsciente de seus pacientes, não estão em condições de experimentá-lo, tampouco de acessá-lo diretamente: através da escotilha de sua visão analítica, podem, quando muito, começar a se orientar e infundir cautelosamente em ambos o revolvimento dos materiais profundos rumo ao pré-consciente: que será, nesse caso, o nível psíquico mais suscetível ao tratamento interpsíquico durante a análise.

A técnica psicanalítica revela aqui duas essenciais e distintas áreas de competência:

Como favorecer o processo de representação, passando da "Fossa das Marianas" do verdadeiro inconsciente ao pré-consciente contatável, experimentável, compartilhável e progressivamente mentalizável, que pode ser simbolizado pelas modestas, porém jamais insignificantes profundezas acessíveis a um nadador normal, não encapsulável, mas livremente flutuante.

Como, num segundo momento, familiarizar o paciente com alguma continuidade com a própria vida psicoemocional, de modo que as experiências vividas não se manifestem por meio de sintomas, complicações ou somatizações magmáticas pré-representacionais, dissociadas do resto do *self*, mas passem a fazer parte da experiência plena do sujeito de forma integrada.

A ilusão de que a *visão/compreensão* abstrata possa produzir magicamente a transformação e a cura atinge, no imaginário popular, um de seus maiores níveis ilusórios nas expectativas iniciais do paciente em relação ao processo terapêutico: "O analista vai interpretar e explicar, eu vou entender e, instantaneamente, mudar!". Como os profissionais do ramo sabem, as coisas não funcionam assim.

A análise pode ser extraordinariamente eficaz, mas quase nunca se desenvolverá de maneira fácil, rápida, elucidativa e simplesmente heteroinduzida. Pelo contrário, em muitos casos a terapia demandará um substancial e paciente trabalho compartilhado, muito mais complexo do que os leigos imaginam e que os analistas já conhecem bem tanto na teoria quanto na prática cotidiana.

A Fossa das Marianas pode ser explorada e conhecida tão somente desse modo, e o mítico submarino onírico do pequeno Richard, a criança tratada por Klein (1961), desenhado por ele durante uma das sessões, poderá imergir em grandes profundidades utilizando interpretações por vezes geniais em sua reconstrução e descrição visual de um mundo de objetos submersos, mas prevalentemente dedutivas e, em muitos casos, diretamente interditas a seu próprio *self*.

Uma criança não seria capaz de deslocar-se com desenvoltura nesses abismos; tampouco sua mãe, seu pai, e nem mesmo seu psicanalista.

Mesmo o conhecimento teórico, à luz do nosso *ego de trabalho* (Fliess, 1942; Schafer, 1983), é de extrema importância em *analisi con l'Io* (Bolognini, 2002): nos orienta durante o percurso, permite dar um nome e um sentido às coisas e nos sugere representações de outro modo inconcebíveis, mesmo que não nos permita o contato vivo, direto e pleno com elas.

A teoria psicanalítica é uma expressão científica (em muitos casos, hipotética), não obstante, preciosa e necessária ao ego de trabalho; o *self de trabalho* (Bolognini, 2002), com sua carga experiencial e sensorial, é a área do analista que deveria participar e harmonizar-se com este componente egoico de maneira ativa, descritiva e investigativa.

Acrescento que a metáfora do submarino (que permite uma visibilidade em condições de outro modo impossíveis, preservando o *self* do sujeito por um contato experiencial mais completo, momentaneamente insustentável) em alguns casos pode conter também uma referência admonitória em relação a eventuais condições de excessiva identificação projetiva do analista com determinado autor que o inspirou: *dali de dentro*, ou seja, de um *estado de identificação isolante e impermeável* com um ou mais autores/submarinos que formularam conceitos psicanalíticos robustos, vê-se de maneira cristalina (teoriza-se), com suma eficácia e prontidão, e assim o analista pode se sentir protegido precisamente por estar encerrado em um aparato teórico armado e, por vezes, até mesmo blindado.

O risco, nem sempre considerado presente, reside, porém, naquela possível perda de contato com o próprio *self*, de fato intrínseca aos estados de excessiva identificação projetiva para com um objeto *internalizado* ("tomado dentro") e, no entanto, ainda *não introjetado* ("não digerido").

Tornar-se um pouco o outro é um processo salutar, mobilizável como ecossondagem sempre que aplicado de forma temporária, parcial e, pelo menos, em alguma medida, administrável, como nas *trial identifications* (Schafer, 1959, 1964, 1983); mas pode degenerar-se perigosamente em formas maciças, estruturadas e inconscientes de verdadeira identificação: nesse caso, *grosso modo*, *torna-se* o outro, mas perde-se a si mesmo.

Certamente há, nessa operação, uma vantagem econômica imediata nas identificações excessivas com determinado autor, porque de fato assim podemos viajar mais rápido e aparentemente afastados de nossos conflitos e de nossas incertezas (também teóricas): nós nos tornamos o outro, o autor admirado ou o colega especialista, sem contar o fato de que, não sendo mais nós mesmos, estamos momentaneamente liberados de muitos de nossos limites e tensões; mas devemos dolorosamente registrar, simultaneamente, um grave dano "patrimonial" às despesas do *self*, em razão da perda de nossos elementos identitários autênticos.

Portanto, se um analista não trabalha *com* Freud, Klein, Bion, Winnicott, Kohut, Lacan etc. – como ocorre quando há uma boa introjeção que respeita a separação – e, em vez disso, descamba a *tornar-se* inconscientemente um deles, perde-se a si mesmo ao longo do caminho (Bolognini, 2013a, 2018).

A identificação, aquela verdadeira, é um fenômeno inconsciente por definição (Grinberg, Grinberg, 1976).

A relação com os autores, em nada distinta daquela com as importantes figuras de referência de nossa infância, constitui para cada um de nós, analistas, um sucessivo lugar de desdobramento interno da transferência, com o qual devemos lidar para além do fim de nossa análise.

Cabe a nós a tarefa perpétua de cultivar a nossa relação com esses sujeitos psicanalíticos internos, relacionando-nos com eles intensa e criativamente, mas sem torná-los substitutivos de nosso *self*; amando e admirando, quando suas qualidades o permitem, dialogando com eles, aprendendo e enriquecendo-nos de introjeções parciais, mas respeitando sempre a alteridade.

Se entramos no submarino ignorando nossa fragilidade, nossa finitude e nossa real identidade, acabamos por perder nosso contato interno e o significado que temos de nós mesmos.

É provável que alguns leitores se recordem de um anime japonês dos anos 1980, no qual um garoto se transformava no megarrobô Goldrake, entrando em sua cabeça/cabine de comando e tomando-lhe as rédeas das ações. Assim ele protagonizava, onipotentemente, grandes feitos: pois bem, não é essa a nossa justa dimensão.

Voltaremos mais vezes a este ponto escorregadio e ludibriante, no qual a qualidade da formação do analista pode ser duramente colocada à prova, para além de qualquer nível de erudição ou de atualização conceitual.

Voltando ao pré-consiente mais viável

A integração experiencial é, não obstante, realmente possível no pré-consciente: acabar na água, ali, não é uma tragédia, pois estão em jogo profundidades modestas, absolutamente experimentáveis, mesmo quando se busca – tal como numa piscina – uma certa ambientação preparatória para aqueles que são inexperientes.

E, no entanto, o belo dessa ambientação consiste em dar-se conta de poder navegar, de poder flutuar, de poder progressivamente confiar em si mesmo e no próprio ambiente, de poder aferrar-se a uma fluidez diferente, a uma realidade que segue códigos vários e inesperados em relação àquilo a que estávamos habituados, mas que não nos foi vetada.

Se a regressão funcionar como deve, o indivíduo que inicia seu percurso analítico não entra em contato apenas com suas angústias e suas frustrações recalcadas, mas também com a riqueza de muitas partes de si mesmo excluídas de diferentes formas ou mantidas segregadas umas das outras: o rio associativo, oportunamente contemplado, dissolve a argamassa da porta murada, remove suas pedras, e o "muro" desmantela-se aos poucos, sem colapsos desastrosos e rompimentos forçados, reabrindo áreas antes inacessíveis.

Nelas, o paciente poderá encontrar personagens e situações internas que há anos o esperavam, que pediam passagem para entrar em cena reemergindo de prisões subterrâneas; ou para simplesmente vir à luz, concluindo uma gestação representacional inconclusa, jamais segura, emergindo do limbo do inconsciente não recalcado.

A regressão, se assistida de maneira oportuna, poderá reabrir os jogos e restituir vida, oxigênio e liberdade ao pré-consciente, convertendo-o num ambiente mais familiar, fértil e, definitivamente, fruível.

A economia energética intra e interpsíquica

O aspecto econômico é especial na vida psíquica pré-consciente, e a este respeito os leitores encontrarão as mais extensas considerações sobre o tema.

A viabilidade do pré-consciente, quando possível, proporciona considerável economia energética, uma vez que as passagens (mais ou menos secretas) permitem transpor as barreiras fronteiriças do ego defensivo e do superego sem taxas alfandegárias, controles e burocracias.

Menos atrasos, menor fadiga, menores interdições; assim as carências temporárias de mentalização completa podem ser integradas em seu próprio andamento.

Retomando a imagem da antiga casa nos Apeninos, me vêm à mente os engenhosos dispositivos da alta Idade Média utilizados para enviar mensagens de voz de um plano a outro nos casarões e castelos: dutos acústicos intramuros, construídos à guisa de *tromba de Eustáquio* e escavados em pedra calcária, em tudo semelhantes à conformação das vias internas do ouvido, permitiam a quem estivesse na adega se comunicar diretamente em viva voz com os planos superiores sem dispêndio de tempo e de energia. Assim, sem necessidade de deslocamento e sem muita gritaria, a palavra ia da adega ao segundo andar, contornando o primeiro, como uma espécie de *interfone*.

Com base num artifício análogo, a sabedoria necessária daqueles antigos habitantes também podia abastecer os armazéns de grãos do sótão através de dutos intramuros (nesse caso, verticais e em linha reta) que permitiam a passagem direta de grãos e farinha ao andar térreo, poupando as pessoas de descer as escadas com pesados fardos sobre as costas.

Mensagens rápidas sem mensageiro

Permaneçamos, a modo de continuidade e riqueza de metáforas, no imaginário sugerido pela história medieval: naqueles tempos perigosos, em que quase todo castelo dispunha de defesas e de provisões suficientes para resistir, durante algum tempo, a assaltos e a tentativas de invasão (e aqui nós, analistas, estabelecemos analogias imediatas com a dimensão defensiva intra e interpessoal contra as traumáticas invasões transpsíquicas), mas nos quais os cercos eram frequentes e tornavam problemática até mesmo a comunicação com o mundo externo, como as notícias e mensagens chegavam de um castelo a outro?

Em tempos de paz, o modo tradicional, correspondente na metáfora empregada à comunicação consciente interpessoal do ego ao ego, consistia no emprego de um mensageiro, às vezes a cavalo, que levava consigo os boletins informativos.

Mas, na verdade, as coisas não eram bem assim na maioria dos casos, e hoje sabemos pelos historiadores que as notícias viajavam a uma velocidade muito superior, de modo que em Roma se podia saber, em relativamente pouco tempo, o que havia acontecido em Milão, Bolonha ou Florença.

A rede de castelos estava, surpreendentemente, interconectada por um sistema articulado de sons (sinos), sinais de fumaça (diurnos), fogos (noturnos) e espelhos luminosos.

Cada castelo, como requisito mínimo, devia ser visível de outro, e as mensagens sonoras ou luminosas viajavam a uma velocidade bem diferente daquela do cavalo: *mirroring castles* [castelos-espelhados], poderíamos dizer, seguindo nosso jogo metafórico que nos permite imaginar um interpsíquico não necessariamente mediado pelo ego, em cujas defesas poderiam por vezes interferir fortemente, às vezes suprimindo o mensageiro (e, consequentemente, o nexo).

Aliás, considero as pesquisas sobre neurônios-espelho (Rizzolatti, Sinigaglia, 2006; Gallese et al., 2003) extremamente interessantes para nós, psicanalistas (ver a bela análise interdisciplinar apresentada por Falci [2017]), seja pelas suas aquisições em si, seja pela perspectiva e pelas premissas metodológicas de partida tão diversas adotadas pelos neurocientistas, mas que em muitos aspectos convergem com as nossas.

Contudo, creio que não se pode perder de vista o fato de que elas dizem respeito, necessariamente – pelo menos por ora –, a um nível antes preciso e circunscrito das situações empáticas inter-humanas, cuja real complexidade vai muito além dos níveis primitivos de antecipação intencional e de previsibilidade implicados nesses fenômenos elementares (Bolognini, 2004). Reivindico a empatia humana e psicanalítica de um modo mais específico, com um nível de profundidade e de complexidade cognoscitiva muito maior do que as descritas e estudadas até então – e, não obstante, admiráveis – pelos neurocientistas.

Voltando à metáfora medieval, tentemos imaginar não somente os espelhos com sua respectiva linguagem cifrada, rápida e essencial; não somente o mensageiro a cavalo com seus boletins informativos; não somente o cortejo de dignitários em carruagens com seu testemunho oficial e enfatizado da mensagem manifesta; mas antes, e sobretudo, a mais surpreendente das realidades medievais, constituída pela rede de vias subterrâneas que conectavam os castelos, permitindo a passagem de mão dupla de soldados e, às vezes, até de animais.

O sistema de galerias – do qual há testemunhos – responsável por ligar, na Emilia, a fortaleza de Savignano sul Panaro à de Bazzano e à abadia fortificada de Menteveglio (sistema subdividido em ramais por conta da dificuldade de arejar os túneis) permitiu à lendária condessa Matilde di Canossa (1046-1115), máxima mediadora no conflito medieval entre o Império Romano-Germânico e o Papado, atravessar secretamente aquelas vias com seus dignitários, precedida e seguida pela sua escolta de soldados.

Seria como dizer, passando da metáfora medieval à vida psíquica, que o contato e o diálogo com os objetos internos às vezes viajam por vias invisíveis ao mundo externo, mas podem permitir o ingresso no interior das mais inacessíveis fortalezas: obviamente, tal operação requer a confiança de base, necessária para se aventurar nas profundezas viscerais do *self*.

Nessas profundezas, pelo menos de início, não podemos entrar sozinhos.

São profundezas compartilhadas – caso as coisas saiam realmente bem – antes de tudo com nossa mãe, também com nosso pai, se as coisas saírem ainda melhor; e com qualquer outra pessoa caso a vida tenha sido particularmente generosa conosco. Portanto, havendo necessidade, a análise reabre os jogos nas sucessivas faixas etárias e para além do estreito círculo familiar; e a regressão assistida e parcialmente coparticipada nos conduz ao lugar onde a fusionalidade fisiológica (Pallier, 1990; Bolognini, 1997, 2002, 2018; Fonda, 2000, 2019; Bonfiglio, 2018, 2019; Lombardozzi, 2019; Meterangelis, 2019) pode ser novamente instaurada, e onde, entre o *self* e o não *self*, pode-se reabrir uma área intermediária criativa que ainda não corresponde totalmente ao consciente declarado *nós*, mas na qual os conteúdos internos de um indivíduo (a partir do leite, mas também de seus sucessivos equivalentes físicos e psíquicos) podem fluir para o outro com base no desejo vital, no prazer e na confiança até atingir uma introjeção mais autêntica e profunda.

Nesse ponto, o *não self*, o inquietante e amiúde inaceitável *Outro*, pode ao mesmo tempo transformar-se, de maneira gradual e tolerável, no outro (com "o" minúsculo), no sentido de uma outra pessoa separada e reconhecível. É assim que nos nutrimos, é assim que nos relacionamos, e é assim que crescemos e nos formamos.

Na vida adulta, encontraremos no amor genital essa possibilidade de fazer fluir "algo interno" de um para outro, do âmbito interno ao âmbito interno, através de vias relacionais subterrâneas, íntimas, mucosais, capazes de ultrapassar com naturalidade as fortalezas defensivas mais aguerridas (Bolognini, 2008a).

O interpsíquico se recupera e reabre aquelas perviedades, se reconstrói ou, ainda, em alguns casos, constrói-se *ex novo*. As páginas a seguir versam justamente sobre essa dimensão, que, a partir do *inter-* (na relação primária), pode ser introjetada e constituir-se *intra-*, até que seja novamente jogável como o *inter-*, inclusive na vida adulta.

Trata-se de um percurso potencial em que nada está garantido de antemão, mas no qual muito pode ser criativamente colocado em jogo quando a vitalidade e a capacidade das relações internas são assistidas.

Contudo, antes de adentrar ao terreno experiencial da clínica propriamente dita, passo, nas próximas páginas, a uma divagação exploratória sobre a relevante função do pré-consciente.

2. A despeito de meu ego: o inconsciente e o "*problem solving*"

São poucos os indivíduos aos quais o feliz dom da intuição permite prescindir da análise pormenorizada dos conceitos. A eles pertence a autoridade; todavia não podem nem devem ser imitados.

Friedrich Julius Stahl

A mente intuitiva é um dom sagrado, e a mente racional, um servo fiel. Criamos uma sociedade que honra o servo e ignora o dom.

Albert Einstein

O tema da economia energética e da fluidez intra- e interpsíquica há muito tem me suscitado reflexões de natureza vária, e que vão muito além do campo especificamente teórico e clínico exclusivo da psicanálise.

Nessa divagação entre associações, sugestões e lembranças, fui arrebatado pela percepção interna de um agudo sentimento de inveja ao evocar algumas figuras que são partes constituintes da minha experiência pessoal, figuras de algum modo caracterizadas por uma aguçada atitude intuitiva e por uma capacidade aparentemente instintiva de encarar e resolver problemas de diversos tipos.

Inveja muito bem justificada, a meu ver, e que vai muito além da admiração; inveja fisiológica e bem acomodada, da qual não me envergonho, tampouco sinto culpa, e que antes me induz, ao fim e ao cabo, a um certo sentimento de solidariedade para comigo mesmo: como não invejar as pessoas que parecem dotadas do dom de não buscar soluções a determinados problemas, ao passo que as soluções, antes mesmo de buscá-las, já as possuem de antemão!?

Tentarei me explicar.

Algumas pessoas são definidas como *dotadas de senso prático*, no sentido amplo e não necessariamente restrito a atividades concretas e manuais (em muitos casos seria possível falar, com maior justiça, de pragmatismo); outras são sucintamente descritas como intuitivas; outras, ainda, como capazes de se portar instintivamente em situações mais complexas, dando a impressão de não esmiuçar de forma racional e obsessiva as coisas, mas antes de inventar soluções úteis usando sua criatividade fácil e espontânea.

E se em muitos casos é possível entrever, na forma como essas pessoas agem, um ego central funcionando bem, devidamente capaz de concentrar-se de maneira eficaz num problema e não se dispersar ou não se exasperar de modo contraproducente perante esse desafio, em outros vemos algo muito mais surpreendente e muito menos compreensível: algumas pessoas parecem de fato contornar os processos normais de detecção, análise e elaboração dos dados do problema e chegar, de maneira direta e com grande naturalidade, à solução, Deus sabe como.

Reconheçamos que minha descrição contenha alguma ênfase idealizante, devida à tentativa de evidenciar esse gênero de impressões e fenômenos; aceitemos, portanto, que eu esteja exagerando um pouco ao classificar essa modalidade de funcionamento mental do *problem solving* numa categoria especial. Não obstante, parece haver algo verdadeiro, um reconhecimento um tanto difuso na fenomenologia – certamente bastante rara – que acabo de mencionar.

Do mais, esse sentimento de inveja me permitiu refletir com maior curiosidade e motivação sobre esse raciocínio, em busca do "segredo" desta surpreendente habilidade: de tal modo que, no fim das contas, as considero como a força motriz das seguintes considerações.

No capítulo 6 de *O inconsciente*, "A comunicação entre os dois sistemas", Freud (1915b) traz uma observação muito pertinente sobre o trabalho psíquico desenvolvido pelo inconsciente:

> *Seria, no entanto, um equívoco imaginar que o inconsciente esteja inoperante enquanto todo o trabalho psíquico é desenvolvido pelo pré-consciente e que o inconsciente em nada influa, como um órgão rudimentar, um resíduo do processo evolutivo. Ou ainda supor que a relação entre os dois sistemas se limite ao ato do recalque, como se o pré-consciente lançasse no abismo do inconsciente tudo aquilo que lhe afigure perturbador. É justamente o contrário, o inconsciente está vivo, é capaz de se desenvolver e mantém, com o pré-consciente, uma série de relações distintas, inclusive aquela da* colaboração *(grifo nosso). Em suma, devemos admitir que o inconsciente se estende àquilo que apontamos como suas ramificações, que se deixa condicionar*

> *pelos fatos da existência, que influencia constantemente o pré-consciente e que está sujeito, por sua vez, à influência do pré-consciente.*

E mais adiante (p. 78):

> *É deveras interessante o fato de que o inconsciente de uma pessoa possa reagir ao inconsciente de outra* eludindo o consciente. *Esse fato, embora merecedor de uma indagação mais aprofundada, sobretudo no sentido de determinar se é possível excluir a intervenção de uma atividade pré-consciente, é, no entanto, incontestável sob o perfil descritivo.*

Dessas duas fascinantes passagens freudianas, evidenciarei dois conceitos fundamentais:

- o inconsciente também *trabalha* (e, como sugere Freud, talvez *colabore*);
- o inconsciente pode ser ativado, combinando-se, por exemplo, com o inconsciente de outro, *eludindo* o consciente.

Muitos autores questionaram a função do inconsciente concentrando-se muito mais especificamente no trabalho do sonho, entendido de modo diverso daquele *clássico trabalho onírico*, que é destinado sobretudo a mascarar o conteúdo latente: quase todos os autores que passo a citar estiveram realmente fascinados pelas variadas combinações entre o processo primário e o processo secundário que os sonhos podem realizar, produzidas numa espécie de *joint venture* entre inconsciente e pré-consciente ante a ausência de um ego consciente.

Portanto, convém aqui distinguir as duas atividades do inconsciente, denominando *elaboração onírica* aquela a que ora nos referimos.

Veremos, neste percurso, como o trabalho do inconsciente, em colaboração com o pré-consciente, pode mais facilmente se manifestar em determinadas condições de ordem interna que preveem sobretudo a disposição em *stand-by* do ego consciente do sujeito, ou uma assistência somente colateral, muito discreta e não invasiva, prestada por ele.

Esse aspecto será objeto da segunda parte deste capítulo.

Na primeira, procedo à descrição de alguns processos que penso serem fundamentais na compreensão pelo menos parcial do *problem solving* e da criatividade produzidos pelo inconsciente.

O inconsciente como área de transformação ativa

Em *Passagens secretas* (Bolognini, 2008a), sintetizei a exposição de algumas contribuições de épocas e inspirações muito diversas entre si, todavia orientadas à perspectiva de um inconsciente *sensato*, *atuante* no sonho e, claro, potencialmente transformador:

> *Adler (1911) havia falado de funções de premeditação do sonho; A. Maeder (1912), de uma* function ludique *onírica, como exercício preparatório de sucessivas operações na realidade externa; Grinberg et al. (1967), descrevendo os sonhos elaborativos das fases de integração, revelaram a crescente capacidade reparadora do paciente, que começa a cuidar de si mesmo; Garma (1970) delineou um* pensamento amplo *durante os sonhos, pensamento de tipo arcaico, fortemente visual,*

> *mas do qual participam juízos, reflexões, críticas e demais processos mentais idênticos ao da vigília; a linha teórica que parte de Winnicott e chega em Bollas valorizou a dimensão experiencial do sonho; De Moncheaux (1978) lançou a hipótese de uma função reintegradora do sonho em relação ao trauma; Matte Blanco (1975) reexaminou o provável aspecto do deslocamento no sonho como uma abertura, por vezes criativa, a novos lugares, tempos e representações possíveis, bem como a condensação como uma tentativa de integração de categorias espaço-temporais diversas.*
>
> *Do mesmo modo: Kramer (1993) se ocupou dos efeitos da atividade onírica sobre a função de regulação do humor e Greenberg e Pearlman (1993) sobre o aumento do sono REM em situação de aprendizados complexos; Fosshage (1997) valorizou a função sintética geral do processo primário que, por meio de imagens sensoriais e visuais de elevada intensidade, enfatiza a coloração afetiva do vivido. (p. 153)*

Mencionei essa revisão dos estudos, obviamente não homogêneos entre si e apenas parcialmente pertinentes ao tema em questão, pois acredito que eles compartilham o interesse por um componente obscuramente elaborativo do nível onírico profundo: *algo que, desconhecido ao ego, trabalha, combina, monta, concebe, cria e transforma.*

No mais, a história da filosofia e a história das ciências estão repletas de exemplos célebres de sonhos irrompidos à ocasião de problemas dificílimos a serem resolvidos por parte do sonhador (vide o famoso sonho de Bohr sobre a composição do átomo), e inclusive a literatura antiga e a mitologia fazem reiteradas referências a um trabalho inconsciente, portador de soluções inesperadas, capazes de surpreender o ego central consciente do sujeito.

Era sobretudo durante o sonho que os deuses faziam suas aparições aos mortais e indicavam o que fazer nos momentos cruciais de suas vidas: soluções aparentemente mágicas, derivadas de fontes profundas, e não do raciocínio consciente do ego do sujeito.

Em um nível menos abstrato, considero a célebre fábula do gato de botas uma excelente metáfora do que estamos tratando.

O gato de botas

A história, de origem popular e narrada em distintas épocas desde Giovanni Francesco Straparola (século XV) e depois por Giambattista Basile e Charles Perrault (século XVII), passando por Ludwig Tieck, em 1797, até chegar nos Irmãos Grimm, já no século XIX, é protagonizada pelo caçula de três filhos de um moleiro que, morto o pai, herda somente um gato, enquanto seus irmãos recebem bens muito mais valiosos.

Tendo ficado só com o gato, o menino padece grandes angústias por não saber se virar em situações embaraçosas e aparentemente insolúveis; sua mente, atribulada pelo desespero, não consegue encontrar nenhuma saída até que o gato (animal subestimado, porém inteligentíssimo, e inclusive benquisto pelo finado pai) passa a inventar as melhores soluções!

Após estabelecer excelentes relações com o rei de seu país, fazendo-o crer que está a serviço de um nobre senhor, o gato realiza seu golpe de mestre ao induzir o ogro a transformar-se em rato e, em seguida, eliminá-lo.

Desse modo, o menino conquista o castelo do ogro e, consequentemente, uma posição social de grande destaque.

Mas afinal, o que é o gato?

É uma parte instintiva do menino, dotada de uma genialidade inesperada no *problem solving* que a todos surpreende.

O menino (por sua vez, uma metáfora de um ego central consciente, potencialmente forte e promissor, embora imaturo) está de tal modo sobrecarregado e imerso em suas dificuldades, muito provavelmente cultivando um sentimento básico de inaptidão, que já não consegue pensar e, consequentemente, agir. Por sua vez, o gato, instintivo e inescrupuloso, contorna as angústias daquela insuficiência com uma dose acertada de onipotência (as botas de Sete Léguas) e subverte a situação, transformando o invencível ogro em um inofensivo ratinho, de modo que ele outorga o poder (o castelo do ogro) ao menino, que, sentindo-se apto à ascensão de *status*, pode se casar com a princesa.

Mas atenção: méritos, sim, ao formidável gato, mas também ao menino, que em momento algum se opôs aos desdobramentos da trama, que não se sentiu diminuído pelo papel coadjuvante que lhe coube, que tolerou a própria passividade perante a iniciativa do gato e que não se deixou consumir pela inveja motivada pela inteligência de seu animal de estimação.

Em termos metapsicológicos, o ego central consciente, em processo de amadurecimento, soube reconhecer e respeitar a circunstancial criatividade superior do sistema inconsciente/pré-consciente (o gato) naquele momento, dando-lhe espaço sem se opor narcisisticamente e sem deixar que os desejos de controle sobre os fatos que se desenrolavam prevalecessem em seu *self*.

Tudo isso não é dado como certo: não nos deparamos com um único elemento, inesperadamente dotado e capaz, mas com uma *dupla* (*interna e estrutural*) que colabora bem graças ao fato de que *um dos dois "deixa" o outro "trabalhar" justamente onde esse outro se destaca.*

Não teria algo do gênero, jogado aqui no âmbito dos objetos internos e partes do *self*, já ocorrido em tempos precedentes entre o menino (àquela ocasião, nas partes do "gato") e alguma figura crucial de sua experiência de vida? Teria alguém permitido que a criança explorasse e desenvolvesse suas habilidades? Teria alguém compreendido, de maneira positiva – talvez com alguma surpresa –, a sua inclinação existencial natural?

Como já devem ter percebido, estou descrevendo uma *situação favorável de relação interna entre o ego e o self* de um indivíduo, e aludindo aos *estilos genitoriais interpsíquicos* e a situações formadoras originárias do menino que, introjetadas, podem produzir uma situação positiva a ponto de auxiliá-lo no âmbito da própria vida. Algo que pode, de fato, constituir o maior bem da herança, tal como na fábula.

Feliz daquele que a herdou no próprio lar já no início da vida; nós, do mesmo modo, também buscamos dotar nossos pacientes e alunos, futuros analistas.

Voltaremos a este tópico mais adiante, visto que por ora desejo limitar-me a hipotetizar e a descrever *uma área onírica potencial e ocasionalmente criativa, baseada nas possibilidades de representação, de desagregação e de recombinação dos elementos em jogo no mundo interno do sujeito, graças ao efeito dissolvente e reconjugante do processo primário e à reorganização proporcionada pelo processo secundário* que, em alguma medida, se alternam.

O trabalho conjunto do inconsciente e do pré-consciente funciona desse modo.

O ego pode estar de acordo com isso ou se opor. Em alguns casos, a sabedoria popular inventa até mesmo hábitos e rituais que desempenham a função de deixar o inconsciente e o pré-consciente trabalharem, ao passo que colocam o ego central em repouso, como no caso a seguir.

As bonecas da Guatemala

Há uma maravilhosa tradição centro-americana a esse respeito que me parece fornecer uma representação metafórica ilustrada do que formulei em termos metapsicológicos e que me foi relatada há anos por uma paciente em análise que acabara de voltar da Guatemala.

Revelo, ainda, para melhor contextualizar esta metáfora, um dado clínico não casual, mas profundamente coerente com o fato de que a paciente levou à sessão esse material associativo e protagonizou um pequeno ato: um presente (concreto) para mim.

A paciente estava havia quatro meses em trabalho de análise e passava por uma feliz regressão acentuadamente positiva, numa espécie de *lua de mel analítica*, a meu ver, reproduzindo uma boa experiência primária de fusão e aleitamento (seus problemas traumáticos eram posteriores à referida fase). De maneira bastante significativa, a paciente me entregou, como um pequeno tesouro, um amuleto guatemalteco constituído por uma caixinha com seis bonecas, todas diferentes entre si.

"A tradição popular" – explicou-me – "consiste em dispor, na cabeceira da cama, à noite, as seis bonecas, e contar um problema a cada boneca antes de apagar a luz e dormir. As seis bonecas estabelecem um diálogo madrugada adentro, para que de manhã se obtenha uma visão diferente dos problemas!"

Esse ritual me deixou fascinado e me fez refletir – além do significado que aquela história tinha para a paciente em questão – sobre as vantagens oferecidas a quem o praticava. Por exemplo, o ritual pode permitir um sono mais tranquilo, porque os problemas foram confiados *a alguém*. Outrossim, estabelece o número (nesse caso, seis) de problemas que podem ser encarados ao mesmo tempo, fixando assim um limite ritual à possível profusão de angústias e inquietações, ou seja, um mecanismo de contenção.

Mas, acima de tudo, estrutura uma confiança básica na existência de um processo inconsciente de transformação e elaboração, produzida na ausência do ego central consciente (quando o sujeito dorme) e que, por sua vez, pode gerar alterações substanciais na própria visão que se tem das coisas.

Rebaixamento da vigilância defensiva do ego, contenção das angústias, representadas no ritual e confiadas a *algo/alguém* outro (às bonecas) e recombinação criativa dos conteúdos (uma *solução*, no duplo sentido etimológico de *dissolução* e de *resolução*) em virtude do processo primário, parecem felizmente condensados nesse pequeno ritual privado; e assim o trabalho se desenvolverá no sonhador com *a ignorância parcial de seu consciente, mas com seu devido consenso*, dada a aceitação do ritual.

A atmosfera total dessa cena é, no entanto, doméstica, íntima e sob medida ao indivíduo: nela o trabalho confiado ao inconsciente é implicitamente entendido como um recurso natural a ser alcançado sem maiores temores.

A intuição

Uma intuição é a criatividade que busca te dizer algo.

Fritjof Capra

Vamos dar um passo atrás e voltar, por um momento, ao aspecto fenomenológico dos processos de que estamos tratando.

O conceito de *intuição* (do verbo latino *intueor*: "olhar dentro") designa aquele tipo de conhecimento aparentemente imediato que não passa pelo filtro do raciocínio ou por um processo sensível e que parece jorrar diretamente das profundezas.

A intuição foi objeto de discussões um tanto quanto tumultuadas na filosofia desde os tempos dos grandes pensadores gregos, que aportaram definições e leituras múltiplas, às vezes centradas no funcionamento sensorial e, mais frequentemente, no intelectual, com uma forte propensão à descrição de experiências transcendentes e à ideia de percepção imediata dos *primeiros princípios* (como em Platão e Aristóteles).

Ao revisitar alguns daqueles antigos percursos em textos filosóficos, a impressão que tenho é que, via de regra, os filósofos almejavam deliberadamente valorizar a intuição atribuindo-lhe características e funções especiais (em geral por meio da empertigada contraposição à mera percepção sensorial); entretanto, desses escritos não se podem extrair indícios interessantes sobre a natureza dos processos psíquicos implicados.

Muito mais estimulantes para o estudo do fenômeno, embora não o sejam para a compreensão dos processos subjacentes, e a despeito de que as contribuições provenientes dessa área sejam em geral esnobadas ou desaprovadas pelos analistas, me parecem ser aquelas oferecidas pela psicologia cognitiva.

Por exemplo, Graham Wallas, em 1926, havia estudado os processos que levam a soluções criativas dos problemas, descrevendo quatro estados típicos:

- a *preparação da tarefa*, na qual se busca descrever e compreender os problemas em seus mais variados aspectos;
- a *incubação*, uma espécie de período de decantação no qual o sujeito não pensa no problema e se dedica a outros;

- o *lampejo* (ou *insight*), quando a solução do problema manifesta-se súbita e inesperadamente (algo análogo ao *Ah!-Erlebnis* dos fenomenólogos);
- a *avaliação*, quando o ego cognitivo se coloca ao lado das partes intuitivas, fornecendo uma explicação integradora daquilo que foi adquirido.

Um exemplo desse processo é o testemunho do matemático francês Henri Poincaré, que costumava dedicar algumas semanas à fase de *preparação da tarefa*, para em seguida abster-se dela, se dedicar a outra tarefa e captar, posteriormente, a *irrupção do lampejo*, de maneira inesperada, enquanto se ocupava de excursões geológicas e demais estudos: um esquema que lembra, por analogia, a capacidade de suspensão dos analistas, que gosto de chamar de "felizmente resignados" – a partir de determinado estágio de sua evolução profissional –, ao se deixarem surpreender pela emergência não decisória e não programável de soluções interpretativas e de intuições empáticas (Bolognini, 2002) após a suspensão de qualquer ato mental deliberado de busca e devidamente entregues à atenção flutuante.

Janet Metcalfe e David Wiebe (1987) demonstraram que os problemas que demandam *uma solução criativa são efetivamente resolvidos subitamente*; em seu interessante experimento – que consistia em perguntar aos pesquisadores submetidos a uma situação problemática, a cada quatro minutos, o quanto eles achavam que sentiam avançar na solução do problema –, revelou que a consciência do progresso estava muito presente nos processos que envolviam estratégias orientadas a reproduzir situações verificáveis de forma experimental, e praticamente ausente nos processos caracterizados por *saltos* intuitivos.

Além disso, já em 1959, Max Wertheimer havia lançado a hipótese, do ponto de vista gestáltico, de que a *intuição criativa emergia quando o indivíduo captava novas relações entre os elementos do problema*; algo que Edward De Bono (1970) atribuiu à capacidade de *pensamento lateral*, uma espécie de mobilidade observadora do centro de gravidade, baseada na suposição de uma potencial multiplicidade de pontos de vista sobre os problemas.

Em contrapartida, um dos obstáculos para que esses processos intuitivos se produzam consiste no complexo descrito na psicologia como *abordagem subjetiva* (Rumiati, 2006), referente a esquemas de tal modo repetitivos e habituais do sujeito no *problem solving* que o fazem desconsiderar percursos alternativos; esse conceito também remete ao da *fixação funcional*, descrito por Duncker (1945), mais ligado, porém, à consideração repetitiva das características dos objetos.

Ainda no campo da pesquisa psicológica, cito por fim um conceito popular, objeto de aplicações muito fecundas em campos díspares: o conceito de *brainstorming* (Osborn, 1962), interessante sobretudo quando referido em sua dimensão grupal. Se uma parte do trabalho mental coparticipado configura-se como um simples aprimoramento das capacidades operacionais dos vários "ego de trabalho" no grupo, sob outros aspectos e em outros níveis é inegável que o *brainstorming* produz algo a mais do que uma simples somatória de recursos cognitivos; talvez algo que remonte à frase de Freud (1915b, p. 74) já citada no início deste capítulo: "É deveras interessante que o inconsciente de uma pessoa possa reagir ao inconsciente de outra eludindo o consciente".

De fato, creio que estamos no campo de trabalho desenvolvido pelas seis bonecas do ritual guatemalteco; a diferença é que no *brainstorming* as pessoas estão despertas e são reais.

Não obstante, há, sim, certa semelhança. Seria algo dependente de um rebaixamento compartilhado das defesas do ego? Entraria aí o interpsíquico?

Conexões entre as teorias cognitivas e a contribuição psicanalítica sobre a intuição

Como psicanalista, sou levado a revisitar as estimulantes contribuições das teorias cognitivas que, em certo sentido, desejam e descrevem a produção de efeitos de deslocamento em relação à visão habitual do sujeito; a esse respeito, gostaria de adicionar alguns conceitos psicanalíticos que me parecem preciosos para lançar luz sobre alguns aspectos da intuição.

Invoco a presença, por exemplo, dos derivados funcionais dos *processos de identificação parcial* (Grinberg, Grinberg, 1976) que podem produzir-se de modo fisiológico no mundo interno sempre que houver *muitas introjeções adequadas de objetos úteis e positivos, bem como de suas funções*: assim, poderíamos considerar os objetos internos do indivíduo como equivalentes intrapsíquicos estáveis e estruturados das seis bonecas guatemaltecas.

Dito de outro modo, é mais fácil que um sujeito esteja em condições de assumir múltiplos pontos de vista, diversos e, no entanto, bem coordenáveis entre si por meio de uma síntese adequada caso ele tenha experimentado, de maneira suficientemente introjetável, o respectivo modo de ser de algumas figuras que lhe são significativas, presentes e contatáveis em seu mundo interno.

Contudo, para que esse processo se realize, é necessário que essas profundas identificações não sejam totais e que, portanto, não sejam substitutivas do *self* do indivíduo; é necessário que ele esteja estruturado e que haja um certo grau de separação interna em seu funcionamento habitual.

Ou seja, o sujeito poderá "consultar" seus objetos internos, colocando-se parcial e temporariamente em seus sapatos: mas – a modo de dizer – "com bilhete de ida e volta", identificando-se com os objetos e com seus pontos de vista, mas conseguindo recuperar o próprio centro gravitacional de observação e integração central a fim de conservar, além do senso de si mesmo, uma boa mobilidade interna para outros objetos *sem "fixar-se" na identificação com apenas um deles.*

Essa mobilidade interna, não consciente e não intencional, produzida de maneira natural, sincrética e em brevíssimo tempo, poderia ser "esmiuçada" nos seguintes termos: "O que achariam disso meu pai, minha mãe, meu professor, meu amigo etc.?".

E a pluralidade dos objetos "consultados" poderia estar vinculada à integração e à convivência de mais figuras familiares, que enriqueceriam a realidade da criança.

Em minha linguagem (Bolognini, 2008a), considero esses processos *como a capacidade de consultar objetos internos por parte do ego central*, que poderá se valer da criatividade e da riqueza dessas fontes internas e de suas diversas perspectivas.

Uma análise ainda mais detalhada dos níveis de interiorização (termo genérico para reagrupar todos os processos por meio dos quais um objeto é levado de fora para dentro) demanda uma especificação maior em relação a algumas perguntas fundamentais:

Dentro de quê? Do ego ou do *self* do indivíduo?

Dentro quanto? E como?

Seguindo o critério de uma certa equivalência funcional entre os processos corpóreos e psicológicos, podemos representar os diversos graus e tipos de interiorização da seguinte maneira:

O objeto é levado à boca, saboreado, controlado (não é engolido, tampouco cuspido, até que se decida cumprir um desses dois atos que levaria à perda de controle sobre ele); assim, será possível se familiarizam com suas características, como forma, consistência, gosto etc.

Esse nível (*incorporação*) atua na *imitação consciente*: o sujeito pode experimentar algumas características do objeto e reproduzir mentalmente alguns aspectos de maneira consciente, dele apartando-se sem dificuldades e sem que seja internamente alterado por ele. Os atores profissionais – sobretudo os humoristas, especialistas em caricaturas – desenvolvem um certo nível de domínio psicológico e técnico ao realizar deliberadamente estas operações quando imitam outra pessoa.

O objeto é deglutido, mas não digerido: assim o objeto é levado *para dentro*, ocupa um espaço interno (concretamente, o estômago) e não pode mais ser voluntariamente controlado, salvo no vômito intencional da anorexia; mas permanece no interior como um objeto inteiro e não se torna parte do *self* (literalmente, das células do organismo) do indivíduo. É outro, distinto de si mesmo, a despeito de estar *dentro*.

O objeto é *internalizado*. Há possíveis processos de *identificação projetiva com o objeto internalizado* (o sujeito, identificando-se, *torna-se* o objeto), mas *ao preço de uma certa substituição do self* pelo tal objeto. Em geral, esta situação é patológica: nela não se realizam identificações introjetivas parciais com funções singulares (ver parágrafo seguinte).

Nesses casos, a pessoa não está em condições de consultar seus objetos internos, seja porque – mantendo-se em estado de identificação projetiva com um deles – vê o mundo e tende a funcionar somente pela ótica do objeto com o qual se identificou, seja porque, não havendo separação interna, não consegue dialogar com qualquer objetivo internalizado.

O objeto é digerido e será parte do self *corpóreo*: seu equivalente psíquico é a aquisição de funções características parciais recebidas pelo objeto, que passam a constituir uma parte autêntica do *self* e do ego do sujeito para a introjeção no *self* nuclear (Wisdom, 1967).

Estamos, portanto, no âmbito das *identificações introjetivas parciais*.

Contudo, também faz parte desse quadro a *relação interna com objetos inteiros* (por exemplo, o pai, ou a mãe, ou um professor) bem conservados como recordação, representação e afeto, com os quais se relaciona sem que eles substituam, com reais identificações, o ego do sujeito.

Hospedados no *self* e devidamente diferenciados do ego central consciente do sujeito, podem se converter em *objetos de consulta*.

Considero que, sobre esta base (substancialmente derivada da *teoria das relações de objeto*), os obstáculos específicos à consulta dos objetos internos podem ser responsáveis pelo fenômeno da abordagem *subjetiva* descrita por Rumiati no que diz respeito aos esquemas repetitivos no *problem solving* e que impedem a apreciação de percursos alternativos, bem como do já citado conceito de *fixidez funcional* de Duncker – que seria, neste caso, um desdobramento posterior.

Tais conceitos psicológicos descrevem bem o resultado disfuncional de arranjos internos que obstam a intuição criativa e a "pesca" de soluções por parte da área inconsciente/pré-consciente.

A teoria das relações de objeto psicanalítica nos permite representar o cenário interno que, por sua vez, torna possíveis ou impossíveis as consultas profundas, a alternância dos pontos de vista e determinada parcela de trabalho do inconsciente.

Recapitulando, lanço a hipótese de que, em sua rigidez, *a abordagem subjetiva* e a *fixidez funcional* revelam *implicitamente* um *vínculo identificativo unívoco e excessivo do sujeito com um único objeto de referência, que substitui o ego central* (o qual seria, via de regra, se em boa saúde, mais exploratório) *até colonizá-lo*.

Não raro, esse objeto é uma figura genitorial ocupante com a qual o ego do sujeito se identifica projetivamente de maneira total, em detrimento de sua própria autenticidade, espontaneidade e curiosidade.

Aliás, é justamente esse o problema daqueles psicanalistas que permaneceram muito intensa e exclusivamente identificados com seu analista ou – ainda mais frequentemente – com seus supervisores: os supervisores se *tornaram* objetos dos psicanalistas e substituíram seu *self*; e agora, como objetos, não podem ser consultados.

Desidealizar a intuição

Os parágrafos anteriores discorreram sobre o estudo da *abordagem subjetiva* e da *fixidez funcional* sob o viés psicanalítico.

Agora passo à abordagem de outro aspecto específico da intuição, ligado não tanto ao problema da variedade dos pontos de vista, mas ao da velocidade ou não do processo.

Devemos a Heinz Kohut algumas interessantes observações, desencantadas e em nada idealizantes, sobre o fenômeno da intuição, e que podem nos permitir alguns avanços. Segundo Kohut (1971), *os processos mentais que parecem intuitivos* e que geralmente impressionam o observador a ponto de fazê-lo acreditar que está diante de processos de natureza especial e diversa daqueles ordinários *são na realidade diversos tão somente pela velocidade por meio da qual aquela operação mental* que tanto nos impressionou foi realizada, de modo a sugerir formas extraordinárias de funcionamento. Para além disso, complementa o autor (p. 129):

> *Por vezes o talento, o treinamento e a experiência se combinam em diversos campos, produzindo resultados*

> *que parecem fruto da intuição; desse modo é possível observar a atuação da intuição não apenas no campo dos estados psicológicos complexos (onde é empregada pelos psicanalistas), mas também . . . no diagnóstico médico, nas decisões estratégicas de um campeão no xadrez ou na programação dos experimentos de um físico.*

A observação sobre a velocidade do processo – aliás bastante tangencial, uma vez que Kohut a reporta quase incidentalmente num capítulo dedicado à empatia – de início me pareceu um tanto reducionista, mas, com o passar do tempo, tive de reavaliá-la em alguma medida (provavelmente porque, tomada de maneira implícita, limitava a idealização e as invejáveis possibilidades dos recursos "mágicos" dos sujeitos intuitivos).

Creio que Kohut pelo menos em parte acertou nesse aspecto, e que seria oportuno abordar o problema sob outro ponto de vista: por exemplo, se essa hipótese for válida, quais poderiam ser as causas da perda de velocidade no funcionamento mental?

Dito em outros termos: o que poderia impedir, sobrecarregar ou tornar vulneráveis os processos do pensamento que, de outro modo, seriam naturalmente rápidos e eficazes?

Outrossim, permanece a questão: que tipo de aquisições úteis o estudo comparado da patologia neurótica e psicótica poderia, neste caso, aportar?

Dispêndio energético e funcionamento do ego

O estudo das neuroses sob o viés econômico evidenciou a existência de um característico *dispêndio energético no recalque*: os contrapesos necessários para manter recalcados os conteúdos geradores de conflito comportam um elevado custo econômico, do qual o cansaço crônico, o embaraço e a lentidão funcional do pensamento podem às vezes constituir alguns dos sintomas colaterais que, por sua vez, coincidem com aqueles específicos da neurose.

No meu modo de dizer, o neurótico viaja com toda a sua carga (sintomatológica, onírica, econômica) de bagagem de mão, em um regime de recalque cada vez mais precário e oneroso no inconsciente dinâmico; nesse caso, o patrimônio do *self* não se desliga e se aparta projetivamente para longe.

Ainda no plano metafórico, *os neuróticos, via de regra, não perdem capital* (o patrimônio do *self* é recalcado, mas não cindido), mas precisam incorrer em despesas muito elevadas para sustentar o recalque e manter no "cofre" do inconsciente os elementos conflitantes que perturbariam o arranjo da "zona-dia" do *self*: esgotados pela demanda energética, conservam – por assim dizer – profundas olheiras, exaustão e, de fato, sintomas neuróticos.

As complicações, o embaraço, a inibição e a eventual lentidão do pensamento podem ser o resultado de contínuas e contraproducentes interferências por parte de componentes conflitantes internos que insistem no ego, responsáveis por limitar sua habitual capacidade de trabalho e demandar um dispêndio energético que tolhe a força do ego.

A velocidade mais lenta dos processos mentais tornaria muito mais raros os momentos intuitivos, segundo a observação de Kohut.

Minha hipótese adicional é que, em muitos casos, a capacidade do ego de dar espaço às contribuições criativas do pré-consciente e do inconsciente também é comprometida: em um regime de alerta interno e de consequente aumento do controle egoico e da contratura funcional, o sujeito não se permite as enriquecedoras consultas *intra*psíquicas com os objetos internos, tampouco experimenta seu ponto de vista e seu modo de ser, enrijecendo-se assim tanto na *abordagem subjetiva* descrita por Rumiati quanto na *fixidez funcional* de Duncker.

Em termos de equivalentes metafóricos, *o neurótico seria intrapsiquicamente regido como aquelas pessoas que, assumindo uma postura defensiva em relação ao externo, "não escutam mais ninguém", evitando assim as trocas interpsíquicas.*

De outro modo, poderíamos descrever esta dinâmica supondo que o menino protagonista da fábula de Perrault e dos irmãos Grimm não aceitasse a ajuda do gato de botas; ou que o guatemalteco subitamente não quisesse mais saber das bonecas que trabalham para ele durante a noite; mas nesse caso estaríamos já nos distanciando do aspecto econômico do dispêndio energético necessário para recalcar a criatividade da área inconsciente/pré-consciente, dispêndio este oriundo do conflito.

Por outro lado, os pacientes capazes de realizar robustas cisões e projeções de partes internas do self *são simplificados, empobrecidos tanto no conteúdo quanto na articulação do* self *e, consequentemente, mais "leves"* (diria que "viajam sem bagagem de mão"), relativamente assintomáticos, podendo apresentar até uma inclinação tendencial a episódios de mania.

Economicamente falando, eles perdem "*uma cota de capital*" ("capital" entendido aqui como patrimônio do mundo interno, como atributo de base do *self* e como riqueza das presenças e conexões objetais internas), afastando-se dela e, em alguma medida, renunciando a ela, dado que assim eles evitam o conflito. Em linguagem corrente, trata-se daquelas pessoas que *não dão a mínima para os problemas, que atalham soluções*, pessoas que – como Alexandre, o Grande, na lenda mítica do Nó Górdio –, não perdem tempo tentando desatar o nó, simplesmente o cortam com um só golpe de espada.

Em particular, *quando entram em jogo importantes cisões de tipo vertical* (até a dissociação, entendida aqui em sua acepção psicanalítica, e não aquela fenomenologicamente psiquiátrica) que compartimentalizam a experiência (Gabbard, Wilkinson, 1994), as funções e os conteúdos mentais tendem a se organizar de acordo com um eixo simplificado da estrutura de personalidade.

Nesses estados de cisão, *o sujeito viaja sem bagagem de mão*, tendo renunciado ao "fardo" de uma parte do *self*, mais ou menos como o lagarto faz quando, exposto a um perigo, livra-se da cauda para deixá-la ao agressor e bater em retirada.

Nessa condição compartimentalizada, simplificada e empobrecida do *self*, as pessoas são tendencialmente assintomáticas, experimentam um nível menor de estresse e de cansaço, porque evitam, pelo menos em parte, o dispêndio econômico do conflito, e muito frequentemente delegam outra pessoa para representar e experimentar projetivamente partes inteiras do *self*.

A situação que acabo de descrever a respeito do uso da cisão/dissociação pode se enquadrar comodamente em uma patologia ou, ainda – quando limitada em termos quantitativos e circunscrita a uma simples tendência –, pode caracterizar antes de mais nada uma tipologia de personalidade, limitada, porém decidida (não nos esqueçamos de que a etimologia do verbo *decidir* remonta ao verbo latino *de-caedere*: "cortar para fora").

Por outro lado, absolutamente fisiológico e compatível com uma boa saúde da *especialização funcional do* "self *profissional*", o fato de uma pessoa se organizar de maneira cindível/dissociativa no trabalho pode ser até mesmo necessário e útil: se todos os cirurgiões se identificassem demasiadamente com as pessoas submetidas à sua operação, já não estariam em condições de praticar seu ofício; se os advogados não fossem como parceiros dos clientes e conservassem a todo momento uma humanidade plenamente integrada a eles, perderiam muitos pleitos legais; e assim por diante.

Os sujeitos se especializam, com cisões funcionais temporárias destinadas à determinada tarefa; amiúde o jaleco, a toga ou o terno que vestem no trabalho são atributos correspondentes a um *arranjo interno cindível adequado*, assimilado e consolidado com unânime consenso social.

A vantagem econômica da simplificação interna, com a qual a pessoa funcionalmente se converte em um personagem altamente especializado e focado com um forte investimento em algumas funções selecionadas, *pode produzir uma fluidez associativa e uma velocidade de passagens mentais compatíveis com a rapidez funcional de tipo intuitivo.*

Se essa redução otimizada do dispêndio energético combina-se, portanto, com uma possibilidade não conflitante de contato e de consultas internas com os objetos significativos, isso gera, por sua vez, um incremento da riqueza na mobilidade e na variedade dos pontos de vista, com um verdadeiro "efeito-caleidoscópio" acelerado nos tempos funcionais.

Conclusões sobre a intuição

Arremesso uma lança na escuridão. Isso é intuição. Depois destaco um exército para buscar a lança na escuridão. Isso é intelecto.

Ingmar Bergman

Busquei, nessa breve correlação entre fisiologia e patologia, indicar alguns processos psíquicos que revelam uma participação dos níveis inconscientes e pré-conscientes no trabalho do *problem solving*.

Também explorei sinteticamente o âmbito da intuição, propondo algumas hipotéticas conexões entre a observação fenomenológica dela e alguns aspectos de sua possível compreensão psicanalítica.

Procedo agora a uma última reflexão de grande amplitude sobre as diversas perspectivas com as quais a contribuição do inconsciente para o *problem solving* foi mais ou menos considerada no âmbito de diversas culturas, a fim de concluir com uma formulação condensada da possível visão psicanalítica sobre essa questão.

Muito resumidamente, pode-se dizer que:

Muitas culturas de matriz oriental parecem convergir em considerar o ego consciente, lógico e racional do sujeito como um obstáculo à livre expansão de um potencial saber interno; elas sugerem modalidades por vezes extremamente refinadas de progressiva desativação e suspensão funcional do ego central por meio de práticas meditativas, técnicas ritualísticas, exercícios de abstenção do controle do pensamento, fusionalidade difusa com o meio ambiente, regressão assistida de diversas maneiras, até condições fusionais pré-separativas.

Nessas culturas, o ego central não é tendencialmente suprimido, mas parcialmente redimensionado e posto em condição de *stand-by* enquanto instância potencialmente impeditiva.

As culturas de tipo ocidental psicodélica tendem a desvalorizar frontalmente a função egoica central e forçar essa suspensão do ego por meio da supressão funcional baseada na ingestão de substâncias. Na prática, o ego é farmacologicamente entorpecido de maneira deliberada. Tais culturas enfatizam uma suposta contribuição sapiencial da experiência desregulada como um fim em si mesma, com aspectos de reivindicação (narcisisticamente investida) ao direito de regredir onipotentemente a um estado psíquico intrauterino, *oceânico* e pré-separativo, na maioria das vezes numa oposição controversa às demandas da realidade e às expectativas do consórcio humano.

As culturas artísticas e artesanais atribuem tradicionalmente um estatuto de maior dignidade ao gesto, em detrimento do pensamento. O artesanato valoriza sobretudo a habilidade da realização manual da tarefa; ao passo que a arte valoriza sobretudo a obra, fortemente investida de uma libido narcisística.

Entretanto, o ego central atua como uma espécie de consultor projetual e assistente do artesão, cuja parte mais investida geralmente são as mãos; o inconsciente do artesão envolvido na operação é sobretudo o inconsciente procedimental, sede de competências e habilidades que se tornaram automáticas.

No âmbito artístico, tende-se idealmente a um nível de *maestria* que promove o ego central consciente às funções de controle: por exemplo, o pródigo violinista estabelece uma ponte direta *entre o coração e as mãos*, visto que a técnica não será para ele um problema a ser regulado e monitorado pela vigilância do ego central.

A psicanálise não pretende, em hipótese alguma, eliminar, desativar, entorpecer ou atordoar farmacologicamente o ego central. Desde seus primórdios, ela renunciou à manipulação do estado de atenção e de controle por meio da hipnose, prontamente abandonada por Freud. A psicanálise não está interessada em deter o carcereiro (o ego defensivo, quando assumido como tal), e sim em transformá-lo na sua relação com as outras partes do *self*.

Um dos objetivos da psicanálise contemporânea consiste em permitir uma *harmonização cooperativa entre as várias partes do self*, reparando e recuperando as sinergias funcionais internas e ausentes na patologia.

Por sua vez, essas sinergias se estabelecem de maneira natural durante o desenvolvimento, quando a criança e seus objetos de relação experimentam *formas de cooperação* (na sucção, no aprendizado, no intercâmbio interpsíquico) *que são posteriormente introjetadas* e progressivamente estruturadas num modo de funcionamento que também assume sua condição intrapsíquica.

Quando o processo de formação e evolução se desenvolve harmoniosamente, as instâncias internas do sujeito cooperam com recíproca participação também em situações de sofrimento ou de conflito, mantendo um senso de coesão e reduzindo ao mínimo as cisões.

Um ego central benévolo, confiante, amplo e tolerante herda dos objetos primários que o formaram as capacidades e articulações funcionais, sabe intervir quando necessário e sabe apartar-se quando as demais partes do *self* demonstram uma criatividade superior e uma competência adequada a determinada necessidade. Ao fim do processo, o ego é reconvocado para fornecer uma contribuição central integradora àquilo que foi produzido pelas contribuições de outras partes internas. A coesão, a atmosfera, o modo e a fluidez dessas relações internas nos fazem perceber a maior ou menor harmonia que caracteriza as mais diversas pessoas em sua convivência consigo mesmas e com os demais.

Creio de fato ter sido justamente a percepção dessa complexidade interna que levou Pessoa (1982) a escrever: "Minha alma é uma orquestra oculta".

Do intra ao interpsíquico (e vice-versa)

Se no intrapsíquico as *passagens secretas* permitem fluidez, rapidez e economia inesperadas, no interpsíquico elas não são menos importantes.

Muito provavelmente poderiam me fazer objeções por eu ter tomado o caminho mais longo, justamente hoje, quando o excesso de referências ao pré-consciente poderia soar fora de lugar: uma insistência anacrônica sobre a primeira tópica, no sentido estrito, em uma época na qual, sob diversos pontos de vista teórico-clínicos, muito já se avançou.

Contudo, a meu ver a psicanálise não é exclusivamente e em abstrato a ciência *do inconsciente* (e, dentre outras coisas, constantemente exposta ao risco necessário de passar da investigação à especulação), mas também e sobretudo a ciência *do caminho percorrível rumo ao inconsciente* e da relação natural (que de fato significa episódica, fruível e significativa) com ela, e eu acredito que, em todo caso, em nosso trabalho precisamos ainda passar *por ali*, por essa área na qual o ego central pesca, mas nunca na condição de mestre. Uma área em que – caso as coisas saiam suficientemente bem – o objeto ou os objetos assistem benevolentemente o sujeito em seu aprender da experiência.

Na análise, em vez de fornecermos ao paciente as informações cognitivo-descritivas sobre seu inconsciente, exercitamos a pessoa, sessão após sessão, no contato, nas passagens, na perviedade das vias que podem aproximá-la do inconsciente: como disse Confúcio, não damos um peixe ao faminto, tentamos ensiná-lo progressivamente a pescar. Hoje, sobretudo, saímos para *pescar* junto com o paciente.

Tive a grande sorte de ter aprendido a pescar – no sentido literal, não simbólico – nas águas generosas dos rios do Vêneto durante as décadas de 1950 e 1960, com um amigo do meu pai, pescador experiente, paciente, reflexivo e pródigo de ensinamentos transmitidos por meio do exemplo direto: me mostrou como se atam os anzóis, como escolher a bitola da linha, os flutuadores e pesos de chumbo para diferentes tipos de águas (agitadas ou tranquilas, profundas ou rasas) e para diferentes tipos de peixes, além de como me comportar estrategicamente se fisgássemos uma presa robusta e combativa – um lúcio, por exemplo – de modo que ela não levasse consigo toda a aparelhagem.

Por último, mas não menos importante, mostrou-me como um exemplo vivo a capacidade de espera nas longas fases em que aparentemente nada acontecia, sobretudo quando se pescava em determinada profundidade, e nossos potenciais alvos eram os peixes maiores, vigilantes e astutamente ariscos.

Eu aprendia com ele e, em seguida, cada um ia pescar sozinho, mantendo uma certa distância para que um não atrapalhasse o outro. Conservo ainda uma sincera gratidão por essa pessoa, de fato a considero um de meus mestres formadores, incluídos no rol especial que naturalmente contempla meu analista e meus supervisores, mas que não se restringe a eles.

Recordando bem essas pessoas, algumas de suas ideias e modos de ser, sinto-me em condições de poder dialogar internamente com elas e encontro prazer na evocação dessa atmosfera de diálogo em minha classe profissional.

Em diversos trabalhos dedicados à interface com as neurociências, a área pré-frontal é mencionada como um lugar de rápida conexão entre as emoções profundas dos núcleos basais e os níveis corticais secundários: me agrada pensar a área pré-frontal dos analistas como uma ágora, uma praça de mercado e de comunicação, uma zona de intenso vaivém no diálogo analítico e na reflexão individual, via de trânsito rumo à conexão/composição potencialmente harmoniosa da complexidade humana. Um dia certamente saberemos mais, entretanto, por ora, podemos entrever as confirmações experimentais de algo que nos é familiar na clínica psicanalítica.

Definitivamente, seria justo que nos perguntássemos: vias para o inconsciente, sim, mas para qual inconsciente? E para o inconsciente de quem? O do paciente ou o dos outros, com quem interagimos?

A resposta a essas perguntas não me parece impossível.

A via para o inconsciente, o contato com nosso mundo interno e aquele dos outros, a capacidade de troca em diversos níveis de profundidade raramente são unidirecionais: as condições de permeabilidade, de perviedade, de acessibilidade ao interior dizem respeito a realidades recíprocas.

Creio que aquele amigo de meu pai, tudo somado, estava contente em não ir pescar sozinho e que ensinar sua técnica a um pupilo, como muito provavelmente outra pessoa o havia ensinado, desse a ele alguma satisfação.

Creio também que, se um psicanalista não mais pudesse, por quaisquer motivos, salvo por sua aposentadoria, trabalhar com seus pacientes, além do dano econômico concreto, isso o levaria a um profundo abatimento relacionado à interrupção de funções vitais intrínsecas às relações estruturadas profissionalmente.

3. Representação e sintonização

A primeira vez na clínica, entre consciente, pré-consciente e inconsciente: a primeira sessão de Antônia

Antônia é uma jovem mulher de vinte e sete anos, alta e magra, olhar sofrido e profundo, que recorreu à análise por uma consciente condição neurótica de infelicidade e por ser mal resolvida nas relações pessoais e profissionais: uma vida "bloqueada", disse-me certa vez em uma consulta, "que não sai do lugar e não chega a parte alguma". Vive com os pais, funcionários administrativos, e também ela trabalha em um escritório; tem namorado e já foi muito religiosa – hoje já nem tanto. Ela brevemente se descreve como uma pessoa espontânea, sensível e desconfiada, mas sincera e capaz de grandes realizações.

A questão – ela me diz – é *não saber o que quer*: não sabe se quer viver com seu namorado, não sabe se quer seguir no escritório, não tem claros seus desejos; sabe, no entanto, o que a incomoda e, de modo geral, reconhece mais facilmente as coisas desagradáveis que seus desejos autênticos.

Combinamos um tratamento analítico de quatro sessões semanais, iniciado um mês após a primeira consulta.

Na primeira sessão, Antônia é pontual; me cumprimenta de um modo gentil, porém sóbrio, apertando-me a mão, e atravessa o corredor que leva à sala observando os quadros nas paredes; percebo que seu olhar se fixa num quadro oitocentista, uma pequena pintura que retrata uma capela sobre uma colina (uma série de imagens a que tenho grande estima, pois representam os lugares de minhas origens familiares).

Como dizia, Antônia é bastante alta e magra, e hoje percebo que seu andar tem algo levemente hierático.

Entra na sala, deita-se no divã e de repente começa a relatar um sonho:

> *Paciente: "Sonhei que levava uma vela, grande, à igreja. Temia que houvesse muita gente; de fato havia pessoas, mas eram poucas."*

Impressionou-me a *sacralidade* da imagem, vinculável à sua maneira de entrar na sala, um pouco como se entrasse numa igreja.

Notei também a expressão: "temia"; e me veio à mente que "velas", como sinais de oferendas devocionais, testemunham para ela a presença inquietante de outros fiéis/pacientes/irmãos na "igreja"/análise, mas decido esperar as associações e me mantenho em silenciosa espera. Poucos segundos depois ela me interpela num tom decididamente peremptório, de cunho prático.

> *Paciente (com um ar subitamente pragmático): "Doutor, a respeito do pagamento, você prefere em dinheiro ou cheque?"*

Fico um tanto estupefato pela mudança brusca de tom, de registro, de atmosfera e – pelo menos aparentemente – do nível de profundidade. Pouco antes eu parecia estar imerso num silêncio profundo, como se estivesse na penumbra de uma cripta de qualquer igreja medieval, e de repente, num átimo, me vi no caixa de um escritório contábil (talvez aquele onde ela trabalha?). Respondo entrando também eu *no caixa*, e digo-lhe que está bem o pagamento em cheque.

Segue-se o silêncio.

Aguardo um instante e pergunto se ela percebe uma analogia entre carregar a vela e levar o dinheiro do pagamento: em ambos os casos há uma oferta, um donativo, com um certo sacrifício econômico...

A referência à vela induz a paciente a falar de sua antiga presença no ambiente eclesiástico, que era uma alternativa (antes de tudo idealizante, e talvez menos conflituosa) em relação à família (me ocorre que, ao fixar o olhar na imagem da igrejinha da colina, ela estivesse organizando uma possível alternativa idealizante à realidade de nós dois).

Ela diz que seus pais sempre trabalharam "como loucos" e que, na verdade, a função de pais foi desempenhada pelos avós maternos, que agora estavam muito doentes. Descrevendo a condição dos avós, fica visivelmente afetada, com a voz embargada. Tenta se restabelecer, e em seguida chora.

A essa altura me parece que as velas se dissolvem, e que agora também ela está se dissolvendo em lágrimas, perdendo a sua rigidez inicial; mas não lhe digo isso, porque me parece uma referência muito direta e precocemente reconhecível do dissolvimento de sua defesa narcisística, e não a conheço suficientemente bem em suas fragilidades; além disso me recordo de que, durante sua primeira consulta, ela me confessou ser "irritadiça e sensível".

Não sei se Antônia vive o derretimento da vela como uma *falha* em relação a uma rigidez narcísica concebida por ela como um equivalente à *solidez*. No entanto, sinto que convém advertir uma possível ligação, uma passagem compreensível entre a sacralidade idealizante da atmosfera inicial e a humanização de seus sentimentos, realizando-se de maneira conflituosa e que parece pegá-la de surpresa.

Digo, por fim, num tom perceptivelmente associativo e falando intencionalmente em sentido genérico, não personalizado (*contato interpsíquico, não interpessoal*), que "a luz das velas é, sim, tênue, mas, por outro lado, muito útil para que nos orientemos no escuro, e ela pode ainda servir de referência quando não vemos *as coisas de um modo claro*".

Isso denota uma função positiva do "derretimento", mas sem enfatizá-la em demasia e sem perturbar narcisisticamente a paciente, que parece valorizar a duração (o "não derretimento") como um atributo positivo.

> *Paciente (visivelmente tomando ar): "A igreja e o sagrado fazem parte sobretudo das despedidas... Agora sou menos religiosa, mas me espanta pensar que alguns irão embora e que outros já foram". (pausa) "Eu sou praticamente filha única de meus avós, e me dá medo a ideia de perdê-los."*

> *Analista (associando em voz alta, dessa vez livremente, com menor preocupação às possíveis reações da paciente, e pensando ainda nas velas, que nesse caso são uma fonte luminosa): "Você já sentiu* a luz nos olhos deles? *Talvez você tema perder aquela 'luz'".*
>
> *Paciente (num tom um pouco seco): "Bem, acho que estou eclipsando com eles. Eu os evito... como evitei o pároco da nossa igreja".*

Também sinto que a paciente está eclipsando: conscientemente se refere a sua relação com os avós, mas penso que esse eclipsar também diz respeito a seu contato comigo agora (como com o pároco?), sobretudo seu contato consigo mesma, sentindo-se em risco de derretimento.

Percebo que talvez eu tenha ido muito longe ao lhe propor uma projeção de luz (muita luz!) sobre seus sentimentos para com os avós, assim, de repente, já na primeira sessão: havia uma necessidade posterior de penumbra, de uma vela analítica mais discreta, e não de uma luminosidade intensa.

Terei de considerar isso no futuro.

E aqui termina nossa primeira sessão, durante a qual pude entrar em contato com uma profundidade complexa:

- a luz das velas, que ajuda e conforta no escuro;
- a sua sacra rigidez fálica inicial, que se dilui e se dissolve com o calor e o *sacrifício de si*;
- a chama necessária da esperança, um dos componentes por vezes negligenciado da idealização (as pessoas iam à igreja *des-esperadas* – ou seja, etimologicamente, com as

esperanças perdidas –, a fim de poder esperar pela ajuda sobre-humana de um grande pai);

- a angústia da perda dos objetos de base (nesse caso, os avós), da qual Antônia se defende eclipsando a si e a eles;
- e, ao mesmo tempo, a sombra inquietante da culpa de realmente se distanciar deles e dos pais está aqui investida na relação com o namorado, na análise e em seu futuro pessoal.

Intuo que medo e culpa estarão muito presentes em nosso trabalho durante os meses e anos seguintes; deverei ser prudente, ter paciência e não ousar *acendê-la e fazê-la derreter* (como a vela) muito rápido durante as sessões, fazendo com que ela passe do estado sólido/racional ao líquido/emotivo: devo aceitar que ela volte mais vezes *seca* e que se *eclipse* durante o tempo que for necessário, sob o risco de que ela me evite analiticamente como "o pároco da nossa igreja".

Contudo, nesse caso, gostaria de evidenciar em particular *três descontinuidades inesperadas*, responsáveis por deslocar-me durante a primeira sessão e que tiveram ainda um específico valor comunicativo inconsciente:

- *o andar hierático,* que eu não tinha percebido à ocasião da primeira consulta;
- *a brevíssima pausa atenta* (sem diminuir o passo) perante o quadro oitocentista da igrejinha;
- e, por fim, a inesperada *passagem administrativa ao caixa*, tão destoante das demais partes de nossa troca.

Sobre esse último momento, penso que o retorno noturno à casa dos pais nos anos de infância de Antônia imprimisse na atmosfera da casa uma mudança brusca no andamento e na atmosfera, com um intercâmbio muito pragmático e concreto nas condições de gestão da criança e na organização do dia seguinte; imagino que esse nível de intercâmbio fosse mantido inclusive na breve convivência com eles antes de dormir.

Interesso-me por essa alteração do andamento não somente no sentido histórico-reconstrutivo, mas também pela evidente continuidade entre a sua assunção como dispositivo intrapsíquico e como modalidade interpsíquica de funcionamento (Green, 2000).

A bem da verdade, nos meses seguintes experimentei ainda essa mudança brusca de andamento também na transferência e no *aqui e agora* das sessões: em pouco tempo me tornei um objeto sacro, todavia desvitalizado (bom e confiável, mas velho e pouco pulsional, como os avós) ou convertido em objetivo estimulante, mas perigoso e não confiável, certamente às voltas comigo mesmo (como os pais).

É justamente ali, naquele súbito *switch* funcional, naquela mudança repentina de modo e atmosfera, que penso residir a chave compreensível da relação entre o ego defensivo da paciente e seu *self* (Bollas, 1989): assim como ocorria quando os pais dela chegavam, uma parte interna da paciente identificada com eles "pega a criança", "acolhe", leva-a para casa e a "desliga" completamente de sua condição anterior.

O *self* é "embalado no sono" um tanto abruptamente por uma instância interna que é fruto de identificações que substituem a subjetividade da paciente.

Do mesmo modo, o *self* é "desligado", "embalado" e "levado embora" – durante nossas sessões – do seu ego defensivo/pais internos, que lhe tolhem a emoção anteriormente compartilhada por nós dois.

Retrospectivamente e em relação ao processo terapêutico, penso também que a análise/*avós* do início desse tratamento, mais ampla, tranquila, descontraída, menos excitante, menos pulsional e conflitante, tenha sido fundamental para que ela pudesse começar: a igrejinha oitocentista, representativa de determinado objeto complexo, era de fato necessária, e entrar caminhando daquele modo condensava inconscientemente um misto de necessidade, respeito, recolhimento, medo, desespero e esperança.

O que ela comunicava inconscientemente tinha, na maioria das vezes, um sentido. Cabe a nós percebê-lo antes mesmo de compreendê-lo.

O "não pensado – representado"

Creio que nós, analistas, às vezes caímos numa certa tendência um tanto escolar de assimilar – inapropriadamente e com formulações quase automáticas – a atividade de representar em vez de pensar, e essas duas atividades na realidade nem sempre coincidem: *amiúde a representação é uma precursora do pensamento integrado, e a comunicação criativa situa-se, na maioria das vezes, em uma área intermediária entre os dois níveis.*

Por exemplo, os artistas – os verdadeiros, que têm o dom de saber conferir uma representação original a seu mundo interno e de saber comunicá-lo de maneira eficaz a seu público – muitas vezes não têm suficiente consciência daquilo que comunicam.

Há alguns anos, ao ser consultado por um célebre diretor a respeito de um filme sobre um psicanalista, ele se mostrou surpreso quando apontei alguns elementos implícitos que havia posto em cena e que transmitiam ao espectador significados profundos e relevantes: ele não havia percebido aqueles elementos durante seu trabalho criativo. Parece-me, portanto, que tal fenômeno seja muito frequente no cinema.

Em um nível menos privilegiado e protegido, muitas pessoas "põem em cena, cotidianamente, sem sabê-lo, diversas formas de comunicação implícita de suas experiências anteriores; e, em sua prática profissional, os analistas se dispõem, com grande receptividade, a elaborar conjuntamente o que é transmitido na sessão e também aquilo que transcende as palavras, a fim de torná-lo concebível (só ou com os demais), exprimível e mutável.

O fato de exercerem cotidianamente esse ofício faz com que os analistas, enquanto tais, sejam realmente mais empáticos e, especificamente, mais empáticos do que outros seres humanos?

Eu responderia: sim e não.

Colhemos provas diárias, oriundas sobretudo de nós mesmos, de quantas situações de contato e de compreensão podem se esvair, e assim nos consolamos perante essa evidência considerando tão somente a real dificuldade de nosso trabalho, além, naturalmente, de nossos inevitáveis limites pessoais.

Não podemos programar a empatia, não estamos isentos de identificações verdadeiramente inconscientes, transferíveis e contratransferíveis, muitas vezes nos equivocamos por causa tanto das nossas defesas quanto das dos outros, que têm o poder voluntário de nos enganar, e assim desperdiçamos muitas oportunidades de dizer coisas úteis, bem como de silenciar palavras inoportunas.

Não obstante, gostaria de propor esta definição um tanto quanto ambiciosa do conceito de empatia psicanalítica:

> *A verdadeira empatia é uma condição de contato consciente e pré-consciente caracterizada pela separação, pela complexidade e pela articulação: ela comporta um*

> *espectro perceptivo amplo no qual incluem-se todas as tonalidades de cores emocionais, das mais claras às mais escuras; e sobretudo um progressivo, compartilhado e profundo contato com a complementariedade objetal, com o ego defensivo e com partes cindidas do outro, não menos do que com a sua subjetividade egossintônica. (Bolognini, 2002, p. 137)*

Distingo claramente a empatia ocasional da maioria das pessoas, oriunda sobretudo das disposições interpessoais positivas do momento, da empatia psicanalítica, não menos ocasional (trata-se de um evento, não de um método), todavia incomparavelmente mais complexa.

Convém reconhecer que, durante seu treinamento, os analistas são instruídos a criar as condições gerais favorecedoras que mencionei anteriormente e que incluem aquela resignada e prudente modéstia que atribuo aos analistas suficientemente experientes e desencantados, aqueles que de fato sabem não saber.

Os analistas desenvolvem uma boa e não óbvia tolerância para tratar o que não é lógico, e sim psicológico, bem como para não se surpreender se, ao lado do Dr. Jekyll, irrompe inesperadamente o Mr. Hyde que ainda não havia dado as caras no início do tratamento.

Em geral, um analista médio tolera bastante bem as repentinas e aparentemente inexplicáveis mudanças de temperatura e de atmosfera durante as sessões, mesmo quando não compreende de imediato suas razões profundas, e aceita que o seu paciente seja uma pessoa complicada e pouco coerente com uma imagem simplificada, correspondendo, por sua vez, a personagens – tanto da literatura quanto da vida propriamente dita.

Essa aceitação tolerante e aberta aos desenvolvimentos exploratívos é possível quando o analista não se ilude acerca de sua própria simplicidade e coerência psíquica *a priori*.

O analista, diferentemente da maioria das pessoas comuns, dá tempo a si mesmo para entender melhor, aceitando não saber – e, convenhamos, isso não é pouco.

4. A intimidade e seus equivalentes interpsíquicos

Na maioria das vezes, os aspectos institucionais influenciam os desenvolvimentos de uma disciplina.

Há décadas, um dos tradicionais privilégios concedidos ao presidente da International Psychoanalytical Association é a escolha do tema do Congresso IPA: e como me foi dada essa oportunidade à ocasião do Congresso de Buenos Aires, em 2017, após uma atenta consideração dos desenvolvimentos da psicanálise atual, decidi propor o tema "Intimidade", de modo que ele pudesse ser discutido e explorado em âmbito mundial.

Hoje posso dizer que se tratou de uma boa escolha, não somente pelo número e pela qualidade dos trabalhos apresentados, mas sobretudo pela paixão que o tema despertou a partir do momento que colocou sob os holofotes (e ao exercício da reflexão) aquela dimensão relacional profundamente coparticipada que caracteriza uma vasta parcela da psicanálise contemporânea, integrando a dimensão pulsionalista clássica.

Nas próximas páginas procedo à abordagem das notas apresentadas em meu discurso de abertura, estritamente relacionadas à área do interpsíquico.

Intimidade

As raízes etimológicas são antigas guardiãs de significados, e sua pesquisa resulta sempre em um rico repertório orientativo aos psicanalistas.

Íntimo provém do latim intra ("dentro"). *Intimus* ("o mais dentro possível") é o superlativo absoluto de *internus* ("que está dentro"), ao passo que *interior* ("mais dentro do que alguma coisa, mas não mais dentro em absoluto") é seu comparativo.

A intimidade é a dimensão relacional na qual os mundos internos dos seres humanos podem *fisiologicamente* se comunicar e trocar conteúdos, sensações e pensamentos; os bebês, desde seu nascimento, apresentam uma necessidade premente de intercâmbio (corpóreo e psíquico) com qualquer pessoa que lhes dê aquilo que serve à sua vida e ao seu desenvolvimento.

A fase fusional fisiológica, protótipo da intimidade, constitui uma passagem fundamental na relação mãe-filho, uma experiência primária absolutamente necessária que constrói uma competência relacional e organiza os estados duradouros e profundamente vitais do *self*.

Passagem gradual de *dentro da mãe* para *com a mãe*, a reencontramos e recriamos as condições equivalentes em muitas fases dos processos terapêuticos, mas nem sempre a importância crucial dessas fases é, tanto na clínica quanto na teoria, devidamente reconhecida.

Os termos *simbiose* e *fusionalidade* (Mahler, 1968, 1972) ainda são frequentemente mencionados nos trabalhos psicanalíticos num sentido predominantemente patológico, sobretudo no que diz respeito aos resultados confusos ou fixativos, parasitários ou mais ou menos manipulativos; e não no sentido fisiológico (Pallier, 1990; Bolognini, 2002, 2008a; Fonda, 2000; Bonfiglio, 2018), em razão dos aspectos salutares e necessários, constitutivos e fundacionais que correspondem a uma necessidade de desenvolvimento e que geram um atributo específico, um patrimônio do sujeito.

No plano teórico, uma ampla e equilibrada posição compreensiva de vários aspectos potencialmente positivos (visto que necessários) e negativos (visto que fixadores) da fusionalidade foi elaborada por Pine (1990) quando, com uma fórmula aberta, definiu a fase simbiótica como "o período crítico de formação dos momentos fusionais (associados à alimentação e ao adormecimento, fundindo-se com o corpo materno) manifestados nos primeiros meses" (p. 245).

Não obstante, em alguns relatos clínicos, a ênfase não recai sobre o fato de que a experiência funcional não tenha sido suficientemente vivida em seu devido tempo e de que, consequentemente, falte uma competência que permita revivê-la de maneira adequada nas fases posteriores; mas incide, antes, sobre o fato de que (e em geral a consequência é óbvia) essa experiência é buscada sem êxito, com uma insistência fixativa e mediante formas inadequadas à condição adulta, tal como frequentemente acontece – sem que isso tenha sido compreendido – também em recorrentes e dramáticas formas psiquiátricas.

Na prática, essa insistência comportamental anômala de inadequada e perturbante busca de fusionalidade se apresenta, na clínica, antes como um problema *em si* do que como um indicador de problemas a montante, quase como se uma clássica fenomenologia psiquiátrica prevalecesse sobre a compreensão psicanalítica complexa: criam-se assim aquelas situações embaraçosas em que o analista pretende *explicar* ao paciente, no âmbito lógico do ego central, aquilo que deveria ajudá-lo – pelo menos no âmbito experiencial do *self* – a recontatar, experimentar e elaborar de uma maneira reparadora.

Via de regra, evidenciar o mau funcionamento do ego durante uma sessão serve tão somente para assustar o paciente em relação a si mesmo e a fazê-lo provar medo e raiva de seu terapeuta, com a consequente convulsão do próprio ego, seu posterior mau funcionamento, e assim por diante.

Neste capítulo me ocuparei, portanto, do *medium* relacional no qual se desenvolve a maior parte dos intercâmbios analíticos eficazes: aquela situação terapêutica favorecida pela regressão, pelo *setting* específico e pelo próprio ritmo de trabalho, a que se dá o nome de "intimidade" e que constitui a premissa para poder operar transformações profundas no mundo interno e no modo de vida de nossos pacientes.

Esse processo deriva da atenção que dedicamos à relação e às pulsões. Uma das *competências específicas dos analistas* consiste justamente em *reconhecer – e, se possível, interpretar e tratar – as profundas equivalências* intercorrentes, de difícil leitura para os leigos, *entre os elementos pulsionais, fantasmagóricos e relacionais.*

À diferença de outros terapeutas, os psicanalistas não concentram sua atenção apenas nos comportamentos externos e nas condutas expressivas, tampouco se restringem aos fenômenos sociais ou a conceitos abstratos, como os filósofos e os sociólogos: trabalhar com a realidade interna de nossos pacientes implica também um contato substancial e potencialmente criativo com a nossa própria realidade interna e com o campo compartilhado que nós cocriamos com o outro durante o tratamento (Baranger, Baranger, 1969; Ferro, 1994, 1995).

O modo pelo qual fazemos isso é, a meu ver, o cerne do atual e estimulante desenvolvimento da psicanálise.

Em nossa disciplina, o "*como*" está gradualmente se tornando mais importante que o "*o quê*": os objetos da nossa exploração (fantasias inconscientes, recordações, medos, necessidades, desejos) são cruciais na análise; mas *o modo complexo* pelo qual podemos alcançar, descobrir, contatar, compartilhar, manejar, elaborar, representar e transformar esses objetos no intercâmbio analítico com nossos pacientes é ainda mais crucial.

O modo como o cuidador tratou a criança determina e constitui intrapsiquicamente a experiência inicial pré-subjetiva do indivíduo, seguida da subjetiva, que corresponde, posteriormente, ao modo como o ego irá contatar e tratar o *self* pelo resto de sua existência.

O modo, provavelmente ainda mais que os conteúdos selecionados, conota em grande medida as diversas escolas, estilos e técnicas que atualmente coabitam e coparticipam em nosso terreno científico comum, profissional e formativo.

Para além de qualquer diferença teórica, a intimidade é a dimensão que de fato, mais cedo ou mais tarde, caracteriza a maioria dos tratamentos analíticos, a dimensão na qual as funções de base, como a constância do objeto, a contenção, o *holding*, o espelhamento, a nutrição, o compartilhamento, a reflexão investigativa, o reconhecimento recíproco, a apreciação da criatividade pré-consciente e do fluir das livres associações, as interpretações e, enfim, a dimensão na qual muitas, muitas outras funções podem ser gradualmente experimentadas e utilizadas.

Quase todos os tratamentos envolvem a realização da equivalência simbólica nas modalidades de relação e na qualidade das trocas com as fases precoces das experiências primárias.

As trocas corporais entre mundos internos implicam movimentos bidirecionais e passagens *de dentro para fora e de fora para dentro*: os intercâmbios podem ser nutritivos, evacuativos, genitais, e isso, por sua vez, envolve necessariamente o reconhecimento do desejo, da necessidade, do acoplamento funcional em distintos níveis, a fertilização, a transformação etc.

Essa modalidade vital de intercâmbio íntimo se perpetua ao longo de toda a nossa existência, indo de encontro às transformações parciais na vida cotidiana, na constante busca inconsciente, penetrante e subterrânea de equivalentes psíquicos do que era essencialmente corpóreo nas fases evolutivas pré-simbólicas, ou ainda na tentativa de substituir aquilo que falta (seja na relação, seja no sentido de si) com elementos concretos no presente durante o intercâmbio interno com o outro.

E a psicanálise é – dentre muitos outros aspectos – a ciência que estuda, trata e por vezes utiliza tais processos nos âmbitos intra- e interpsíquico. É inegável que as pessoas buscam intimidade durante toda a vida de modo mais ou menos conflitante: constatamo-la nas interações cotidianas, a escutamos nas letras de quase todas as músicas, nos deparamos com esse movimento profundo de forma dramática e condensada em nossos encontros clínicos, durante os quais as necessidades e defesas se manifestam e se confrontam incessantemente, oscilando entre aberturas e encerramentos, entre aproximações e distanciamentos, entre convergências e divergências.

As pessoas criam e destroem *eventuais microssimbioses ou fusionalidades* o tempo todo, sobretudo sem que o saibam, colocando em jogo as suas mais ou menos desenvolvidas capacidades a fim de organizar o seu potencial de acoplamento psíquico em vários níveis.

A despeito de tudo que foi exposto, elas buscam alguma intimidade compartilhada para nutrir, oxigenar e reavivar o seu mundo interno de forma recombinatória; muito embora tendam a negar essa necessidade no âmbito consciente, sobretudo quando sua organização defensiva as leva a fantasias onipotentes de autossuficiência e a disposições internas narcisísticas antiobjetais (como ocorre, por exemplo, nos casos de anorexia ou de distúrbios narcisísticos de personalidade).

O desenvolvimento natural fornece vias de passagem *de fora para dentro* (e vice-versa) caracterizadas por tecidos especiais: as membranas mucosas, cuja função consiste em procurar um ambiente intermediário no qual os intercâmbios possam ser fluidamente realizados e no qual as substâncias possam escorrer de um sujeito ao outro de forma proativa sempre que essa troca for aceita e desejada por ambos.

Minha contribuição nessa área consistiu precisamente em trazer à luz *os equivalentes psíquicos desses processos intercorpóreos* e na sua contextualização no interior do processo analítico, com inevitáveis repercussões na teoria da técnica.

Gostaria de enfatizar que nos encontramos numa categoria de eventos que se estende para além da área de vinculação – a despeito de sua importância –, *visto que se referem especificamente a trocas de conteúdos internos.*

A intimidade salutar é a dimensão natural da troca interpsíquica profunda numa atmosfera compartilhada em que cada indivíduo pode aprender a alterar o processo primário e o secundário sem qualquer medo ou vergonha, modulando a própria regressão em harmonia com os movimentos internos do outro.

O analista se insere idealmente nas áreas interpsíquicas equivalentes às zonas mucosais: lá onde as interpretações, as evidências, os confrontos, as interações (verbais) podem ser úteis ou prejudiciais, eficazes ou impotentes, aceitáveis ou inadmissíveis, a depender dos desdobramentos relacionais e das premissas intrapsíquicas inconscientes individuais levados a cabo nas mais diversas situações; lá onde as passagens do "interior" de um para o "interior" de outro podem de fato se fechar ou abrir, relaxar ou convulsionar, fluidificar-se em líquido ou estancar devido à secura, para além das intenções conscientes e das convicções teóricas do analista.

Em outras palavras, não há qualquer garantia de que a "intimidade" signifique necessariamente algo de bom em si, visto que a possibilidade de seu uso francamente destrutivo ou sutilmente perverso poderia prejudicar ou destruir um dos dois, ou até mesmo os dois. Dispor da chave de acesso à interioridade do outro poderia levar a uma miríade de descobertas, processos e efeitos muito diversos, que dependem da qualidade das pulsões dos dois sujeitos e da qualidade real de suas relações objetais internas.

Consequentemente, há também o risco de que, uma vez atingido determinado grau de intimidade, o analista possa empregar seu poder de maneira equivocada, tentando forçar uma interpretação prematura ou inaceitável à mente do paciente, por ser o analista demasiadamente leal a um ideal ou a um superego "escolar" que se aproxime de uma sintonização recíproca com as necessidades e possibilidades do próprio paciente.

Isso pode ocorrer durante um tratamento sempre que o natural *triângulo edípico analista-teoria-paciente* apresentar um desequilíbrio, por exemplo, quando se configura um *par analista-teoria* equivalente a um par parental muito forte e excludente, que possa impedir uma intimidade natural entre o analista e o paciente; ou um *par muito incestuoso e simbiótico "mãe-filho/analista-paciente"*, com pouco ou nenhum espaço para um *terceiro/teoria* sempre que, em vez de intimidade, houver um excesso de fusão, desencadeando consequentemente uma promiscuidade confusional.

No outro extremo, um ideal abstrato de distanciamento científico, *objetivo* (a *froideur* tão almejada – e por vezes inclusive recomendada – de Laurence Kahn [2017]), que deveria preservar o analista de um excessivo envolvimento interno, poderia, contrariamente, impedi-lo de ressoar como um ser humano normalmente integrado ao contato sensível (ou ainda ao impacto) com a esfacelada complexidade do mundo interno do paciente.

Há um limite além do qual a metade (em si louvável) da objetividade degenera *tout court* em uma inconsciente defesa da subjetividade; assim como, inversamente, o excesso de subjetividade pode alterar o modo de compreensão da realidade.

Isso posto, sabemos bem como a relação analítica não é de modo algum uma relação humana normal, em virtude da regressão transferencial do paciente, e inclusive de nossa missão terapêutica e de nossas responsabilidades.

Nossa capacidade de coexperienciar simetricamente a subjetividade do paciente, de compartilhar, sempre que necessário, os estados de seu *self*, de nos colocarmos parcialmente em seu lugar, demanda, no entanto, uma clara e estável posição interna assimétrica do analista, disponível tanto à concordância quanto à complementariedade, de modo a permitir que o paciente possa desdobrar seus cenários internos em uma relação segura e criativa. Portanto, convém considerar e explorar também os perigos de uma equivocada, enganosa e potencialmente prejudicial intimidade.

Não obstante, é possível afirmar que, sem uma adequada e correta intimidade interpsíquica, adquirida com a devida paciência, as reais mudanças serão no mínimo improváveis, e a análise correrá o risco de permanecer como um exercício meramente intelectual, jogado apenas num nível cognitivo neurocortical.

Contudo, de modo a ser claro e transcender qualquer possibilidade de interpretações equivocadas, me interesso pela questão da intimidade assim como pela relação à empatia e à *rêverie*; por outro lado, sou tão crítico do intimismo como tenho sido do empatismo e de um eventual *rêverismo*, em ordem ou maneira.

Trata-se de degenerações escolares de cunho imitativo, e qualquer tentativa de criar intencional e ativamente a intimidade está fadada ao fracasso, justamente como ocorre com a empatia e a *rêverie*.

Poder-se-ia dizer que nós *não podemos decidir ser íntimos*: podemos apenas aceitar o estabelecimento de uma coabitação psíquica presumivelmente longa e tecnicamente engajada com um interlocutor no mínimo problemático; contemos, portanto, com nossa treinada capacidade integradora (sobretudo no âmbito do nosso *self profissional*) e com nossa competência científica (em especial no âmbito do nosso *ego profissional*) a fim de encarar essa viagem.

Mas sabemos também que, exatamente como numa viagem, mais cedo ou mais tarde a coabitação continuada implicará algum tipo de intimidade. Estaríamos nós realmente prontos e dispostos a essa sensível aventura relacional para além de nossos ideais abstratos e por vezes até mesmo cindidos?

Definitivamente, tal como a empatia ou a *rêverie*, na análise a intimidade não pode ser estabelecida por um simples comando, tampouco motivada por um estatuto teórico: via de regra, ela requer uma série de condições aparentemente simples, mas na realidade muito mais complexas, bem como um eventual trabalho compartilhado para construí-las caso estejam ausentes no início.

Requer, ainda, que pelo menos um dos dois tenha tido anteriormente uma experiência direta de intimidade interpsíquica, exatamente como na vida comum: a teoria pouco adiantará caso o analista não a tenha experimentado suficientemente bem, seja na vida pessoal ou durante a formação, como e quando a passagem de algo do mundo interno ao outro torna-se possível.

Um exemplo elementar do equivalente psíquico de uma condição corpórea na análise

As prescrições nutricionais estabelecem que cada criança de determinada faixa etária deve consumir diariamente uma certa quantidade de proteínas, lipídios e carboidratos.

A técnica psicanalítica, tão variável segundo suas diferentes escolas, também forneceu diversas indicações acerca da administração das interpretações; muitas coisas mudaram nas últimas décadas, mas é inevitável não lembrar de exemplos célebres de interpretações proporcionadas aos pacientes mais por convicção teórica do analista que por sua sintonização com a necessidade, com o desejo e com o estado da organização defensiva do paciente.

Dito em termos de equivalência, houve casos em que se pretendia que a criança interna *comesse mesmo quando não tivesse fome*, a despeito de ter estômago contraído ou apresentar um quadro de dor de barriga (ou seja, encontrava-se de tal modo ocupada e perturbada pelos conteúdos ingeridos que não conseguia nem metabolizar nem evacuar).

Em geral, persiste ainda uma tendência, observada em algumas supervisões ou discussões clínicas, a sentenciar a "ausência de uma interpretação" em vez de avaliar se há de fato as condições necessárias para apresentá-la ao paciente.

Por exemplo, é evidente, em alguns casos de supervisão, como o analista que não está suficientemente familiarizado com as necessidades evacuativas do paciente (amiúde tão insatisfatórias para o sentido de si do analista que este é atacado e aviltado) tem certa inclinação a ignorá-las; e como, por sentir-se "analista", ele apenas formula e administra a interpretação (com a convicção de ter corretamente celebrado o rito, como algumas mães que seguem certos preceitos sem perceber a condição interna complexa da criança).

Portanto, forçar um conteúdo (por exemplo, uma interpretação/*suposta*) para dentro do outro pode equivaler a um ato corporal às vezes inapropriado, em alguns casos inclusive violento: não produz nada de interpsíquico, e sim algo de transpsíquico, o que pode alijar gravemente o sujeito da confiança de poder compartilhar sua intimidade.

O mesmo ocorre no âmbito genital, ante a obrigação forçada do parceiro sem que a outra pessoa tenha qualquer desejo, ou, em maior grau, em casos de estupro (o *falo/baioneta*; Bolognini, 2014c).

Cabe aos analistas compreender o incessante fluxo profundo da *equivalência simbólica entre corporeidade e psiquismo*, orientando-se, consequentemente, pelas trocas íntimas cotidianas; podem, portanto, evitar o concretismo da equação simbólica; e podem inclusive desenvolver uma habilidade compartilhada para reconhecer *quando a criança (interna) tem fome* ou não, quando *tem dor de barriga* ou não, e assim por diante, proporcionando aquilo de que o paciente necessita, como e quando for possível, até permitir a manifestação do desejo em uma dimensão finalmente habitável de menor urgência e dramaticidade.

Trocas íntimas patológicas

Falando em compenetrações profundas (expressão que se acomoda facilmente tanto às fantasias excitantes da cópula sexual quanto a outras de tipo idealizante e redentor), é preciso dizer que não estamos necessariamente perante a presença de algo bom, de vital e de criativo: sabemos, por exemplo, como a relação sadomasoquista produz vínculos muito sólidos e de difícil dissolução.

Um problema com que os psicanalistas se deparam com relativa frequência ao longo do tratamento diz respeito ao reconhecimento da natureza saudável ou patológica do vínculo: se as características vitais ou mortais do vínculo e do tipo de intimidade são bem reconhecíveis nos polos extremos do *range* de configurações relacionais, pode-se dizer que há, não obstante, uma região intermediária cinzenta de difícil leitura e compreensão.

Refiro-me, por exemplo, a todas aquelas relações caracterizadas por um elevado grau de afeição e de rotina habitual que se organizam em uma coabitação concreta, nas quais não se verificam trocas significativas de conteúdos internos e não se registram transformações recíprocas: relações nas quais impera uma condição de contiguidade, mas não uma real abertura dos canais internos.

Em termos corpóreos, traduzidos obviamente em seus respectivos equivalentes psíquicos, são *contiguidades "de pele", nas quais "as mucosas" das aberturas para o interno permanecem fechadas ou ressequidas*: elas se coabitam, mas cada uma permanece *fechada* em seu interior. *Nesse processo pode haver contato, mas nunca intercâmbio.* O hábito está consumado, mas não a intimidade em sua acepção etimológica.

Muitas uniões matrimoniais baseadas no medo da solidão e caracterizadas por um medo análogo do contato interno se organizam desta forma: são casamentos psicofísicos "de fachada", nos quais a equivalência do corpóreo e do relacional é complementarmente manifesta e coerente.

O equivalente analítico desse tipo de relação são os tratamentos nos quais o paciente comparece regularmente às sessões, fala, relata, aparentemente associa, mas... não acontece nada! E a análise pode continuar assim por anos a fio caso não ocorra nada entre os dois que possa abrir um acesso aos canais internos, ou seja, à verdadeira intimidade.

Há, sim, um vínculo formal, mas não aquele substancial (no sentido literal da passagem de substâncias físicas ou psíquicas); *há afeição, mas não há intercâmbio.*

O "dentro" é uma área excluída e inatingível, e *a relação não é interpsíquica, mas interpessoal.*

Intimidade... em relação a quê?

Muitas pessoas tendem a associar o termo *intimidade* a alguma excitante proximidade erótica; o que não é necessariamente verdadeiro, nem no que diz respeito a uma área específica nem no que se refere à profundidade dos afetos envolvidos.

Certa vez um paciente meu discorria sobre sua sensação de tensão perturbadora a que não conseguia associar nada que fosse racional.

Era um homem bastante agressivo e narcisista, que se recusaria com certo orgulho a entrar espontaneamente em contato com qualquer atitude interna que não fosse suficientemente fálica. Não obstante, nos conhecemos há muitos anos, trabalhamos muito juntos na análise e, essencialmente, ele sabe que pode contar com minha proximidade respeitosa. Acrescento, ainda, que ele sabe onde encontrar os lenços de papel na prateleira ao lado do divã analítico.

Eu sei que ele sabe que eu estou pronto para relacionar o seu atual estado emocional à nossa iminente separação de verão (estamos em julho); mas não pretendo lhe dizer isso por sentir que, nesse momento, isso soaria óbvio e acadêmico, embora eu realmente ache que essa ligação é muito verdadeira. Instantes depois, as associações fazem com que ele – à sua revelia, eu diria – pense na morte de seus pais, consumada há alguns anos, sobretudo na do pai, com muitas recordações concretas daquele fatídico dia e com um intenso contato emocional.

O paciente chora e apanha um lenço na prateleira. Digo qualquer coisa, somente para dizer que o entendo. Agora o paciente se permite chorar abertamente, e seca suas lágrimas com os lenços de papel.

Assim, experimentamos a intimidade compartilhando uma dor.

Trata-se de uma passagem interpsíquica e intrapsíquica profunda, que há alguns anos teria sido de fato impossível.

A tensão se esvai.

Estou consciente do fato de se poder discutir se a ênfase deveria ser colocada sobre a iminente separação analítica de verão como fato principal (considerando a recordação da morte do pai como uma espécie de deslocamento defensivo de nosso atual evento relacional) ou sobre a separação analítica de verão como um fator transferencial que gera uma conexão mais significativa com algo ainda mais profundo e relevante para ele.

E aqui gostaria apenas de ressaltar o fato de que a intimidade é uma condição cocriada e cocriativa que caracteriza essa cena atemporal na qual o *aqui e o agora*, o *alhures e o então*, o *toda vez que – e em cada lugar em que* – coexistem e interagem na atemporalidade da análise.

A intimidade e o vínculo libidinal: entre a fixação e a fidelidade

Há alguns anos, tenho preferido desenvolver a observação inicial dos modos de seres humanos em geral a partir do que funciona suficientemente bem, e não da patologia, para somente então entrar em contato progressivo e desencantado com os dolorosos aspectos de diversas situações.

Com base nesse critério, pude refletir sobre o fato – certamente óbvio, mas não totalmente – de que, nas relações em que se cria intimidade, via de regra, é muito mais fácil que se instaure um vínculo estável.

Isso não significa que, falando de compenetrações profundas, estejamos necessariamente ante a presença de algo bom, vital e criativo: sabemos bem, como já dito, que a relação sadomasoquista pode produzir vínculos muito sólidos e de difícil dissolução.

Tampouco quero dizer que a intimidade assegure o vínculo, a partir do momento em que passamos a conhecer as infinitas vicissitudes reativas de oposição, de ataque ao vínculo e de recusa da interdependência que em muitos casos conotam as estruturas de caráter problemáticas (e, consequentemente, as relações) de tantos indivíduos.

Não obstante, a intimidade que permite o acesso às zonas mais profundas do *self* (no regime de equivalência corpo/psique) é, de modo geral, uma condição extremamente favorável ao estabelecimento de uma relação continuada e intensamente participada pelos sujeitos que a compartilham: é isso que ocorre entre a mãe a criança, entre os parceiros em um casal e – espero que ninguém se escandalize – entre o cão e seu dono quando a convivência psíquica é substancial, continuada, significativa e fonte de satisfações recíprocas.

Nas tradições populares sempre se cultivou o hábito de compartilhar, de forma ritualizada, alguns atos elementares (comer junto, beber junto, cantar junto, hospedar-se sob o mesmo teto etc.) que simbolizam a criação de uma familiaridade unificante, como uma espécie de vestíbulo da intimidade. Compartilhar esses atos concretos simboliza a abertura conjunta dos canais internos e o estabelecimento de condições fusionais reguladas; e o organizador institucional desses momentos declara pelo menos a intenção – como se sabe, muito frequentemente ilusória e caprichosa – de criar vínculos (alianças, pacificações, projetos conjuntos, matrimônios etc.) eficazes e duradouros.

Vínculo e intimidade, entendidos em sua acepção mais ampla por meio dos equivalentes metafóricos mobilizados por esses rituais que os antropólogos conhecem perfeitamente bem, se entrelaçam há milênios, com resultados distintos.

Proponho aqui uma representação esquemática elementar de um vetor relacional.

Imaginemos graficamente uma linha que ligue o sujeito ao objeto e que defina a distância entre eles. Podemos também representar o centro de gravidade do investimento libidinal e narcisístico do sujeito como mais ou menos deslocado para si mesmo ou para o objeto.

Como se sabe, há pessoas que se organizam de maneira autônoma retendo o centro de gravidade para si, ao passo que outras (hiperdependentes) o fazem quase coincidir com o objeto, perante o qual se desequilibram excessivamente. Outras, ainda (geralmente as mais saudáveis), o colocam numa área intermediária, capaz de executar movimentos em uma direção ou outra conforme o desenrolar da relação.

Na relação dual, *a intimidade produz vínculo quando o centro de gravidade do investimento não é mantido pelo sujeito sobre si mesmo, mas, em vez disso, ele o faz "oscilar" entre si e o objeto*; quando há reconhecimento da bondade da relação e retribuição (ou seja, gratidão) ao objeto fonte de satisfação; e quando se desenvolve a capacidade de cuidado (*concern*) para com o destino do objeto.

Isso vincula um sujeito ao objeto de maneira salutar e, nas fases mais maduras, um sujeito a um outro sujeito.

Permita-me ilustrar deliberadamente esse processo com um exemplo elementar e mais facilmente representável (por motivos nem tanto elementares) em relação a outros exemplos inter-humanos: como muitos, amei perdidamente meu cachorro como um *cossujeito*, dando-me conta, ao longo dos anos, da riqueza, da sutileza e da profundidade de nossos intercâmbios psicofísicos, feitos de sons, movimentos, contatos, olhares e ações/pensamentos; uma intimidade nascida e criada na convivência cotidiana, da qual ambos tínhamos clara consciência, cada um a seu modo. Creio que essa seja justamente a razão principal pela qual eu jamais aventaria a possibilidade de substituí-lo por outro, ainda que mais bonito, mais novo e extraordinário: *ele* era meu cachorro!

Em maior grau, isso pode ser constatado com nossos parceiros, nossos filhos e nossos próprios amigos: e aqui faço questão de destacar *próprios*.

Intimidade, vínculo, pertencimento e fidelidade se conjugam de maneira espontânea quando as coisas vão bem.

Entretanto, sabemos por Freud que a relação com o cão, por assim dizer, não conta, ou pelo menos não é suficiente: isso nos poupa uma parcela considerável de complicações e de frustrações relacionais, dado que os cães não são ambivalentes e que o centro de gravidade de seu investimento é absolutamente desequilibrado a nosso favor.

Voltando agora ao nosso caso específico, ou seja, ao âmbito psicanalítico, muito mais difícil e complexo, gostaria de apontar uma confissão recorrente, bastante comum, feita na análise por muitos pacientes após um determinado período de tratamento.

Pode ser até que eles às vezes declarem, aparentemente de maneira redutiva, desenvolta e quase espontaneamente, o seguinte pensamento durante uma sessão: "Não, eu jamais trocaria de analista... (pausa) como assim!? Teria de recomeçar do zero e recontar toda a minha história!".

Essa frase, aparentemente trivial, encerra um mundo de comunicações sob a forma de uma discreta e inconsciente ambivalência.

À primeira vista, ela parece afirmar algo de positivo na relação ("não, eu jamais trocaria de analista"), incutindo no próprio analista uma sensação gratificante de reconhecimento de um bom vínculo, a ponto de compartilhá-lo.

Mas no fundo essa declaração redimensiona a importância do vínculo intersubjetivo e interpessoal, colocando em primeiro plano uma questão meramente pragmática de conhecimento de informações (o analista como um banco de dados) que acaba por tolher a relevância da relação; o analista configura-se mais ou menos como um funcionário, um escrivão que dispõe de um dossiê informativo importante para o paciente e o arquiva de maneira útil, nada mais que isso.

O bom é que certos pacientes exprimem esse pensamento na sessão com o ar de quem, não obstante, está convencido a felizmente convocar o outro (o analista) a um entendimento imediato, do tipo: "Obviamente sei que você pode me entender nisso e que nós nos entendemos perfeitamente em relação a esse pensamento, o compartilhamos, não é mesmo?"; e paira no ar a sensação de que o paciente espera que o analista fique feliz com essa proposta de entendimento, sugerida com o arroubo de quem disse algo inteligentemente compartilhável.

Às vezes, o paciente parece não se dar conta do fato de que – por instinto – a primeira reação contratransferencial do analista não poderá ser senão negativa, em razão da desilusão de se sentir realmente relegado a um papel tão burocrático e coadjuvante.

Mas se o analista, tal como esperamos e desejamos, supera esse primeiro e frustrante deslize contratransferencial e percebe a defesa do paciente em relação a reconhecer a própria experiência como um intenso, profundo, importante ou ainda irremediável vínculo que o conecta ao analista e que vai muito além da função de banco de dados, tudo muda da água para o vinho.

O analista pode entender que o paciente está manifestando uma fortaleza narcisística, erigida justamente para não sentir plenamente esse vínculo; ou, em alguns casos mais benignos, que o paciente está lançando mão da própria modéstia ao comunicar ao analista algo muito mais profundo e substancial.

O paciente está inconscientemente dizendo ao analista/objeto, de maneira estranha e paradoxalmente evasiva, parcialmente denegatória, que lhe será fiel ao prosseguir no trabalho analítico já empreendido, uma vez que agora há um vínculo baseado na intimidade.

Contudo, ele também está comunicando, sem se dar conta, que aquela intimidade ainda não está isenta de reservas, inclusive profundas, que ainda há um trabalho a ser feito justamente porque o paciente ainda tem medo ou vergonha daquela crescente intimidade e daquele vínculo que levariam a ela de maneira quase inevitável.

5. Interpessoal, intersubjetivo, interpsíquico e transpsíquico

A essa altura o leitor já terá notado o uso frequente que faço de algumas fórmulas conceituais que me são caras, tais como: *equivalentes, fusionalidade não difusa; viabilidade do pré-consciente* e – sobretudo – uma utilização distinta dos conceitos de *interpessoal, intersubjetivo, interpsíquico e transpsíquico.*

Não há nada de absolutamente novo nessas fórmulas (à exceção de *interpsíquico*), mas creio que o importante seja a forma como tais conceitos são entendidos e combinados entre si por cada analista, de modo a compor uma visão orgânica da vida psíquica e do trabalho terapêutico; se quisermos estender também ao âmbito teórico as palavras que meu amigo Antonino Ferro mobiliza para se referir ao trabalho clínico, poderemos pensar que cada analista cozinha representações e fórmulas conceituais complexas de maneira mais ou menos interessante, nutritiva e digerível à sua maneira (e neste livro estamos definitivamente no âmbito da *cozinha bolonhesa*).

Os leitores encontrão nas próximas páginas uma série de referências progressivas, que espero que possam gradualmente esclarecer o sentido desses conceitos.

Começo assim este capítulo por entender que ele retoma e aprofunda a questão das trocas de conteúdos internos entre duas pessoas; da passagem do mundo interno de um indivíduo ao mundo interno de outro indivíduo; e das modalidades mediante as quais dois seres humanos se combinam, tanto na análise quanto na vida, modulando pré-conscientemente a percepção do *self* e do não *self*.

O primeiro ponto de partida pode ser identificado nos *Três ensaios sobre a teoria da sexualidade*, de 1905: neles, Freud não se limita à observação e à descrição das fases pulsionais, mas estende admiravelmente seu olhar para os equivalentes psíquicos a elas correlacionados.

É possível afirmar que seu interesse está progressivamente focado no processo de formação e estruturação do intrapsíquico (prenunciando também os estudos sobre o caráter), mas também assenta as bases para reconstruir o âmbito experiencial-relacional-educativo em que tal processo se desenrola desde o início.

O ponto de observação ora proposto parte justamente dali, ou seja, da psicossexualidade, e valoriza fundamentalmente o conceito de *equivalentes psíquicos* nas funções corpóreas vitais e, em particular, nas *conjunções corpóreas criativas* entre os seres humanos; me interessa sobretudo a evolução da relação analítica como lugar de reencontro, de transformação e de progresso da capacidade de se relacionar de maneira proveitosa e, mais especificamente, criativa com o outro, por meio de uma *fusionalidade parcial não confusiva*.

Além disso, prefiro explorar o campo da patologia, nosso tradicional lugar de trabalho, partindo da fisiologia.

Todas as interações saudáveis e naturais (nutrir e ser nutrido, dar e receber cuidados, a relação amorosa genital etc.) têm seus equivalentes psíquicos: a qualidade e as formas desses protótipos relacionais geram e organizam as sucessivas trocas interpsíquicas.

Esses intercâmbios profundos, seja na análise, seja na vida, muitas vezes são imprevistos e espontâneos: eles são gerados e se apresentam sobretudo em um nível inspirativo pré-consciente. Contudo, em muitos casos podem ser organizados como automatismos procedimentais recorrentes e não pensados, que imprimem *um estilo intra- e interpsíquico* no indivíduo (Bolognini, 2008a).

O ego central consciente pode estar presente e ativo, pode participar e colaborar nesses intercâmbios, porém, na maioria das vezes, não será de fato o artífice deles, tampouco atua como um inspetor particularmente atento: ele é, via de regra, um espectador surpreso ou *que simplesmente deixa acontecer*.

Às vezes, o ego central pode ser um espectador predisposto e até mesmo dócil; às vezes, no entanto, pode opor-se como um obstáculo; tenho consciência de que toda essa matéria pode ser descrita em termos mais acadêmicos ou didáticos, mas também considero que, neste caso, perderíamos seu impacto representacional evocativo.

A qualidade relacional

O tema fundamental é a qualidade da experiência vivida pelo indivíduo quando em contato íntimo e substancial com um outro.

Como bem descrito na literatura psicanalítica (Kaës, 1993; Faimberg et al., 1993; Losso, 2000, 2003), se entre dois seres humanos se produz uma interação de qualidade violenta, perturbante, intrusiva e depreciativa, pouco elaborável, a interação será transpsíquica, o *self* será violado e o não *self*, por sua vez, será traumatizante.

Como exemplo, os equivalentes corpóreos dessa experiência poderiam ser invadidos, à revelia da própria vontade, por um mamilo intrusivo ou por um pênis violento que força o canal de entrada ou que o substitui por outro inadequado, indesejado pelo outro; ou por uma voz latejante, que adentra concretamente à cabeça através dos ouvidos que não podem ser fechados, como um recurso protetivo; ou por uma visão intolerável, traumática etc.

Durante as sessões, quando o paciente entra em contato conosco, é preciso que percebamos se naquele preciso instante ele está se intrometendo ou se, contrariamente, está tentando se relacionar de maneira viva e criativa conosco; se está tentando trocar um conteúdo interno conosco, se mantém a boca fechada, se está evacuando seus conteúdos uretrais e fecais através de seus equivalentes; se a tentativa de intromissão é um ato de dominação realizado com prazer e com alguma desenvoltura ou se é apenas uma tentativa desesperada de refugiar-se dentro de nós (são duas coisas completamente distintas: a primeira está ligada à perversão, a segunda a uma necessidade primária não exaurida); se a transferência de experiências é total e evacuativa, de modo que o sujeito se veja livre delas, ou se, em vez disso, ele retém pelo menos em parte essa experiência de forma comunicativa etc.

O trabalho analítico não é um processo corretivo nem educativo, e sim uma exploração compartilhada da experiência pretérita e da experiência consciente, pré-consciente e inconsciente em curso, capaz de permitir uma recuperação, uma representação e uma eventual reintegração e consequente elaboração.

Não se trata de um processo meramente cognitivo, visto que o ego central pode, sim, desenvolver sua função integrando os elementos experienciais, conferindo-lhes uma conexão e um sentido; mas o *self* experiencial do sujeito é o principal destinatário e o coprotagonista essencial em muitos tratamentos, e a qualidade da relação entre o ego e o *self*, nesse caso, constitui um dos fatores decisivos para o êxito da análise, assim como geralmente o é para a qualidade de vida do próprio sujeito.

A *influência do intra- sobre o interpsíquico e vice-versa* (Green, 2000) é uma evidência clínica e teórica inequívoca; o processo de mudança exige um trabalho conjunto do paciente e do analista, das funções cognitivas do ego de cada um deles e das possibilidades experienciais do *self* de cada um deles.

Iniciarei estas indagações, uma vez mais, tomando o caminho mais longo e partindo da descrição de duas cenas metafóricas e representativas de alguns aspectos da convivência relacional: tomo-as de empréstimo de relevantes aspectos estruturais de minha cidade e que favorecem um ambiente social muito peculiar, ensejado por uma configuração histórica e arquitetônica realmente singular.

Penso que as duas representações a seguir facilitarão a compreensão de aspectos inter- e intrapsíquicos da realidade que ora apresento.

Os ônibus de Bolonha

Uma senhora se dirige a outra senhora sentada à sua frente, comentando, sem qualquer preâmbulo ou apresentação pessoal, um episódio trivial de provável interesse comum (que pode ser o modo abrupto como um garoto que quer descer abre passagem e empurra os demais passageiros, ou a face simpática e enrubescida de uma menina de mãos dadas com o avô em seu aventuroso percurso rumo ao centro, ou qualquer situação semelhante).

A outra senhora responde com certa satisfação, sintonizando-se na mesma frequência da onda; trava, portanto, um pequeno diálogo improvisado, circunstancial, baseado no hábito de comentar em voz alta.

Naquela troca não intervém uma interlocução cega, desordenada e amiúde perturbante do psicótico que não reconhece a alteridade: aqui a alteridade é evidentemente reconhecida, e a possibilidade de transmitir algumas considerações é de tal modo tão percebida e implicitamente aceita – contanto que essas considerações sejam suficientemente genéricas, presumivelmente compartilháveis, uma vez que se baseiam no senso comum, jamais intrusivas para o outro, embora muito coloridas – que acabam por se converter em objeto de troca num espaço intermediário.

Permito-me divagar que Winnicott teria se divertido muito em Bolonha observando esse espetáculo cotidiano em uma cidade que dispõe de um espaço arquitetônico intermediário – com seus pórticos totalizando quarenta quilômetros de extensão – que não é casa nem rua, suscetível à conversação e que, absolutamente, não está propriamente *dentro* nem *fora*.

Mas voltemos ao interior do ônibus, por ser também ele um potencial espaço winnicottiano.

O objeto proposto na área intermediária pela primeira senhora chamou a atenção da outra senhora, que se acomoda benevolentemente na mesma frequência mental e relacional e lhe corresponde sem qualquer receio, produzindo também ela uma expressão de resposta em um ambiente experiencial interpsíquico que mobiliza uma espécie de *extensão não confusiva do self.*

Inicia-se, portanto, uma conversa "de ônibus": que não é um diálogo pessoal, veja bem, visto que nenhuma das duas relata fatos pessoais; todavia a conversa enseja antes a manifestação de pensamentos e sensações de experimentabilidade compartilhável, com ambas tomando o cuidado de não ultrapassar aquela *área intermediária em que o* self *e o não* self *solicitam reciprocamente o passaporte.*

E assim se torna um pouco mais possível conviver no mundo e, em última instância, mais possível viver; a conversa dura algumas paradas (geralmente ao longo das vias diagonais que cruzam a cidade) e ao fim do percurso a senhora que descer primeiro irá cumprimentar polidamente sua interlocutora, sem, todavia, se apresentar declarando o próprio nome e, muito provavelmente, sem se lembrar das feições detalhadas da outra.

Não irão se cumprimentar numa próxima ocasião, uma vez que *essas duas pessoas não se conhecem. Elas apenas compartilharam uma área interpsíquica limitada e intencionalmente circunscrita* durante algumas paradas de ônibus. Desde já antecipo que esse encontro remete principalmente a *uma troca interpsíquica, não a uma relação interpessoal.*

Um precursor do conceito de interpsíquico: a "depersonnation"

Em uma conferência ministrada em março de 1961 a uma turma do "L'Evolution Psychiatrique", Paul-Claude Racamier, discorrendo sobre "o processo de constituição do ego e do *self* no desenvolvimento do indivíduo, sua função estruturante na vida psíquica e, por fim, sua desintegração nos estados psicóticos", observou que, "embora possa parecer estranho, não há nenhum termo linguístico que defina um processo tão importante".

Ele propôs, portanto, a denominação desse processo como *personnation*.

Racamier definiu a *personnation* como "a função pela qual o ser humano é capaz de perceber-se como uma entidade individual, singular, integrada, real e permanente: distinção, unidade, realidade e individualidade são aspectos essenciais do *self*".

Em relação ao recém-nascido, no qual essa função é minimamente funcional e que, em condições de bem-estar, encontra-se em um estado psíquico próximo à sonolência, Hartmann (1964) e Jacobson (1964) enfatizaram a *indiferenciação* referente tanto ao mundo externo quanto ao *milieu* interno, com investimentos que não se especificam em sua direção nem em sua natureza.

Trata-se do estado que, segundo Freud, se enquadraria no estágio de narcisismo primário.

Convém notar que Racamier distinguiu claramente o conhecido fenômeno psicopatológico da *depersonnalisation* (*despersonalização*), definido como a desativação do sentimento vivo de realidade e de entidade pessoal, do fenômeno da *depersonnation* (*impersonalização*): a pura e simples perda do senso de *self*, a recíproca daquilo que ele definiu como *personalização (personnation)*.

Enquanto na *depersonnalisation* há uma alteração patológica degenerativa da percepção que se tem de si mesmo, na *depersonnation* há uma perda temporária do senso de individualidade.

Uma diferença relevante entre esses dois fenômenos que, pelo menos a meu ver, não foi adequadamente apontada nem por Racamier nem por outros pesquisadores pode ser deduzida a partir da clínica: *enquanto os pacientes* em geral *referem, nos casos* de *depersonnalisation, sentimentos de violenta angústia e percepção da experiência psicótica que acompanham o sentimento da perda de si próprios*, pode-se facilmente *observar que na* depersonnation *essa angústia não se manifesta.*

Em vez da angústia, ela amiúde vem acompanhada de um prazer ou, em todo caso, defende muito bem o sujeito da dor, assumindo-se, sob esse viés, com uma defesa muito menos dramática e mais eficiente que aquela manifestada na despersonalização.

Em outras palavras, a busca por qualquer tipo de prazer e a proteção contra a dor e a angústia podem passar por determinada *recuperação da indiferenciação* e, portanto, por um recurso que lança mão de *regressões parciais para o estágio de narcisismo primário*, à guisa do que observamos em muitíssimos fenômenos de grupo e de massa e, claro, em muitas situações da adolescência.

Poder-se-ia utilizar, em muitos casos, a imagem metafórica da *câmera sobre trilhos*: ou seja, *a possibilidade de o indivíduo avançar e retroceder em relação às condições de maior ou menor indiferenciação*, se não intencionalmente, *pelo menos de maneira bastante natural.*

Portanto, não nos referimos a um *poço regressivo* (ver o Capítulo 8 deste livro) patológico, e sim à capacidade da pessoa de ocasionalmente *modular* a *própria regressividade* (e, eventualmente, sua *regrediência*, no sentido complexo formulado por C. e S. Botella, 2001), para depois se reorganizar em um nível bem distinto, com a devida recuperação dos limites tanto próprios quanto dos demais.

Uma certa mobilidade dinâmica – e, em todo caso, também uma certa ambivalência – prevista em relação a esses movimentos e a essas condições de identificação e indiferenciação pode ser atestada no senso comum, por exemplo, por meio dos famosos ditados populares altamente contraditórios, visto que, por um lado, "deus ajuda quem ajuda a si mesmo[1]", mas, por outro, "a união faz a força"; todos eles constituem condições potenciais e complementares, geralmente oscilando ao sabor das conveniências na vida cotidiana.

O homem é um animal político; a fisiologia humana comporta progressivamente a simbiose, a fusionalidade, a prole, a estirpe, a família, o grupo ou a equipe; essas agregações podem degenerar para a cumplicidade em vez da aliança, convertendo-se em facção familiar, em bandos criminosos ou gangues, em vez de grupos, comitês, associações, partidos.

O que por ora nos interessa aqui é o fenômeno da perda e da recuperação alternadas dos limites da experiência e da representação de si.

Naturalmente, o texto-base para a exploração deste campo é *Psicologia das massas e análise do eu*, escrito por Freud em 1921.

Trabalhar junto

Hanna Segal (1994) falou de *cooperação inconsciente* a partir do modelo de sucção.

Eugenio Gaddini (1982), ao examinar alguns casos em que o narcisismo do paciente se opunha à cooperação, descreveu um fenômeno intra-analítico interessantíssimo e muito comum, a *aliança terapêutica clandestina*: ou seja, uma aliança, estabelecida durante a sessão, que atua no inconsciente de uma parte consciente, oficial e autorrepresentativa do paciente, e que o analista consegue interceptar aqui e ali e fazer com que ela se manifeste, sem, no

1 No original: *chi fa da sé fa per tre*.

entanto, declará-la, uma vez que, se o fizesse, a maioria parlamentar interna do paciente sabotaria esse tipo de colaboração.

Daniel Widlöcher (2003) descreve uma atividade de *copensamento* (*co-pensér*) na análise, um processo associativo compartilhado cujo fluxo não escorre apenas do paciente ao analista, mas também do analista ao paciente, e que depende, não obstante, do contexto associativo comum. Isso não corresponde, no sentido estrito, à dinâmica transferência-contratransferência, não se trata de um expediente técnico intencional, e favorece a comunicação inconsciente, vinculando paciente e analista em um processo fusional em uma identificação primária.

Essas distintas contribuições conformam o *nós* funcional (incluído o *nós de trabalho* na análise): ele provavelmente se constitui justamente na fusionalidade fisiológica primária quando ela é experimentada e funciona suficientemente bem; o *nós*, por outro lado, é reconstruído quando essa experiência fusional não se realiza na medida adequada ou quando se rompe de maneira traumática.

É uma experiência comum o fato de que, em algumas análises, a feliz sensação inicial de lua de mel analítica não apenas permite ao paciente desfrutar desde o início uma boa experiência na análise, como também permite ao analista a realização de um bom trabalho: não se trata somente de uma sensação, mas de algo que verdadeiramente se concretiza.

O analista torna-se criativo, associa, *produz o leite analítico*, porque naquele momento a sucção interpsíquica está funcionando; é uma experiência já vivida que se reencontra e que se renova, e é precisamente esse o início feliz de muitas análises.

Entretanto, esse início não se concretiza em outras análises; nesses casos, nos deparamos com um obstáculo antigo e ficamos às voltas com a difícil tarefa de recriar (ou de criar *tout court*) uma fusionalidade que funcione de maneira reconstitutiva.

Eis uma parte importante de nosso trabalho: *recompor juntos um "nós" de base* que coexista com o sentido de individualidade, permitindo, de um lado, essa alternância fisiológica entre o senso de individualidade e o de alteridade e, de outro, uma *depersonnation* saudável.

Diferenças entre interpsíquico, intersubjetivo e interpessoal

Esses três conceitos, frequentemente utilizados de maneira confusa, como se fossem intercambiáveis, podem se sobrepor em algumas zonas e significados, mas são substancialmente diferentes entre si.

Um *sujeito* é um ser humano com um núcleo bem coeso de contato consigo mesmo, capaz de perceber muito bem as próprias sensações e afetos, mantendo assim um senso de continuidade em relação a si próprio. Pode agir desse modo inclusive quando sua separação é incompleta e seus limites pessoais ainda carecem de uma definição mais concreta, contanto que a percepção coesiva de ser quem se é esteja presente em intensidade suficiente; por exemplo, muitos artistas são profundamente subjetivos a despeito de não apresentarem necessariamente uma definição clara de seus limites enquanto pessoas.

Uma *pessoa* é um ser humano de identidade muito bem definida, com limites físicos e psíquicos muito precisos na representação de si e visivelmente distintos pelo outro. Uma parcela substancial de sua atividade mental se desenvolve no âmbito consciente, obviamente com todas as limitações e defesas descritas pela psicanálise.

Uma pessoa pode ser definida como tal no sentido identitário, inclusive quando apresenta um contato escasso com a própria subjetividade, à maneira dos neuróticos. Por exemplo, um homem ou uma mulher podem ter uma relação sexual sem envolver qualquer contato com sua emoção subjetiva; obviamente estou utilizando aqui um conceito de *pessoa* muito distinto daquele integrativo descrito por Davide Lopez (1976, 1983), que empregava esse termo para designar a conclusão maturativa de um indivíduo por meio da integração harmoniosa de seus componentes egoicos, narcisísticos e pulsionais.

Contudo, ser um sujeito poderia não bastar para ser uma pessoa, inclusive podendo sê-lo; uma coisa não exclui a outra, assim como não pode assegurá-la, e vice-versa.

O *interpsíquico* é tão somente uma *modalidade de funcionamento* que conecta dois indivíduos; *não é uma condição estrutural geral e estável.*

Por exemplo, quando um bebê é amamentado, não há um *status* pessoal declarado, há uma consciência (*consciousness*) em seus primórdios e uma consciência reflexiva e autorrepresentativa (*awareness*) praticamente nula: não obstante, sobrevém uma cooperação natural entre a boca e o mamilo que habilita a ambos, mãe e lactente, a *trabalhar juntos* e a trocar entre si conteúdos internos (físicos e psíquicos) através dos órgãos de saída e de ingresso revestidos de mucosas: as mucosas constituem os pórticos, os locais de passagem entre o interior e o exterior do mundo interno de um para o mundo interno do outro (Bolognini, 2008a).

Penso que estas relações corporais, inicialmente estabelecidas em um nível de consciência quase inexistente, encontrarão não somente seus *equivalentes relacionais interpsíquicos, mas também os sucessivos equivalentes intrapsíquicos sobretudo no funcionamento pré-consciente*, como se dá na maioria dos processos criativos; isso pode ser estendido inclusive ao consciente, embora na maioria das vezes como uma adição não essencial.

Sabemos muito bem, por outro lado, como é essencial na vida intrapsíquica a forma com que o consciente se relaciona – ou não – com o pré-consciente para a qualidade, a quantidade e as formas assumidas nas relações internas.

Naturalmente, entre as portas fundamentais de acesso à compreensão do interpsíquico, menciona-se antes de tudo o conceito de transicionalidade, responsável por conferir uma acessibilidade fecunda *aos espaços condominiais intersubjetivos, à antecâmara e à área de convivência do self*, amparando o *self* nuclear da invasão traumática do não *self* e permitindo, outrossim, as interações sustentáveis entre os aparatos psíquicos sem episódios de violação recíproca. Convém destacar que isso vale tanto para o inter- quanto para o intrapsíquico.

Contudo, é mister especificar também como a área transicional diz respeito a uma zona intermediária entre o *self* e o não *self*; o conceito de interpsíquico difere daquele pertencente à área intermediária uma vez que prevê o equivalente – no plano psíquico – da experiência íntima de dois indivíduos que estabelecem um contato próximo e que se compenetram fisicamente (sucção nutritiva, beijo, acoplamento) por meio da utilização de portas de acesso ao *self* (equivalentes das aberturas corporais fisiológicas), destinadas a permitir uma troca numa relação enriquecedora e não intrusiva: o limite entre o *self* e o não *self*, nesse caso, é beneficamente superável, consentindo uma nova dimensão de acoplamento em diversos níveis. Além disso, é no interpsíquico que ocorrem as *transferências de conteúdos (psíquicos) do interior de um indivíduo para o interior do outro*.

Entretanto, como tudo isso se concilia e se combina com a área intermediária?

Creio que nada possa realmente entrar em nós de forma tranquila e digerível se o não *self* ainda não nos *tiver convencido*[2] – estacionando na área potencial intermediária de forma não dissuasiva – da sua aceitabilidade e digeribilidade, ou seja, de sua compatibilidade com o nosso *self* e de sua transformabilidade em *algo de nós*.

A área intermediária permite essa experiência de teste: o objeto que não irrompe como não *self* inaceitável pode permanecer ali apenas para *convencer o self* a incluí-lo.

A meu ver, o autor que mais explorou esta questão foi Sheldon Bach, em *Chimeras* (2016), tendo desenvolvido uma fascinante analogia entre esses processos psíquicos e os fenômenos imunitários.

Bach afirma que as respostas dos anticorpos que causam rejeição nos casos de transplante de órgãos, na maioria das vezes,

---

2 "Qual a acepção original de 'convencer'? . . . embora todos os dicionários etimológicos atestem que o verbo 'convencer' provém de *cum-vincere* e estabeleçam unanimemente que *vencer*, por sua vez, deriva de seu homônimo latino, o prefixo *cum-* apresenta interpretações muito divergentes. Alguns estudiosos entendem-no como um indicador de meio, dotado de valor instrumental: vencer mediante um instrumento, um meio, no sentido metafórico, e sugerem, em todo caso, consistir sempre, e fundamentalmente, em *vencer o outro*. Outros, a meu ver mais assertivos, entendem-no como *vencer juntos*, *vencer com* o outro, como se o ato de vencer competisse a duas pessoas, numa atmosfera de busca suprapessoal da verdade como um valor superior a cada indivíduo isolado. Outros, ainda, claramente equivocados, desdenham essa interpretação sugestiva e fazem chacotas do tipo: 'Se uma pessoa con-vence, consequentemente a outra con-perde!'. Em suma, as interpretações divergem precisamente sobre o prefixo *-cum*: alguns afirmam que convencer pode ser um ato que produz algo de bom para ambos ou todos; outros, no entanto, defendem que se um dos dois vence, inevitavelmente o outro deve perder, numa espécie de versão reducionista da célebre Navalha de Occam... Tal concepção deriva de um sentido de renitente ambiguidade sobre a vivacidade afetiva e relacional do conceito: em definitivo, do ato de ser *con-vencido* deriva um prejuízo ou uma vantagem?" (Bolognini, 2017a).

variam misteriosamente caso a caso e parecem decorrer de uma série complexa de fatores que tornam o organismo receptor em maior ou menor grau propenso a incluir no *self* genômico os elementos que entram nele. Em suma, o autor defende a hipótese de que há uma grande dependência das condições e da disposição do receptor em relação aos elementos não *self*.

Penso que a área transicional permite um processo de familiarização à abertura de portas para *o interno*, para aquilo que, mesmo sendo não *self*, pode ser aceito e integrado, contanto que experimentado como inofensivo e inócuo ao próprio *self*: o espaço transicional pode ser concebido como uma área de teste na qual o alarme gerado pela percepção do não *self* pode ser temporariamente suspenso.

Além disso, como se pode notar, o interpsíquico não tem absolutamente nada de confuso: nele compartilha-se uma área pré-sujeitual ou co-sujeitual de sensações e pensamentos, mantendo simultaneamente – em outros níveis psíquicos e numa continuidade não dissociada – modalidades individuais de funcionamento psíquico, caracterizadas por uma condição de clara separação experimentada mas não formalizada oficialmente (ou seja, não mentalizada pelo ego consciente de maneira reiteradamente declarativa).

O interpsíquico é, portanto, uma dimensão universal e onipresente, mas não pressupõe necessariamente que naquele instante opere apenas no nível funcional próprio dos sujeitos separados e capazes de efetuar o reconhecimento do outro, mesmo estando claro que esse nível deva ser alcançado pelo sujeito como um ponto avançado de seu desenvolvimento psíquico geral.

Reflexões na clínica

Para um intersubjetivista, o interpsíquico pode constituir uma categoria pouco compreensível e relativamente pouco familiar, uma vez que concerne aos fenômenos de sobreposição ou de coalescência, de troca e, por vezes, de cooperação entre áreas e funções de duas mentes, que não necessariamente correspondem, no sentido estrito, a dois sujeitos; o interpsíquico contempla uma fisiologia funcional de base na relação entre dois aparatos mentais, e não implica necessariamente um envolvimento constante dos níveis mais estruturados da subjetividade (que, como afirmo mais adiante, podem não estar simultaneamente presentes em um regime de funcionamento psíquico de elevada complexidade). Portanto, não se pode afirmar que, durante uma fase analítica de relevante contato interpsíquico, o analista esteja em condições de responder intersubjetivamente com base em uma forte coesão do *self*.

Testemunhei trocas interpsíquicas ocasionais inclusive com esquizofrênicos; nesses casos, a subjetividade não era, em absoluto, coesa, mas entendia que "a boca se abria" e que algo poderia entrar ou sair; tratava-se, portanto, de um evento interpsíquico, não intersubjetivo. Tampouco se estabelecia ali uma interação como pessoas, *in a highly personal way* (Greenberg, 2001), com uma plena e oficial definição das identidades.

Eis uma série de exemplos:

Durante uma análise *com uma pessoa* a quem me parece conveniente propor um aumento na frequência de sessões, eu poderia dizer: "Portanto, senhor Bianchi: aqui estamos. Não seria oportuno adicionar uma quarta sessão, já que há muito estamos trabalhando com três sessões semanais?" (diálogo ego do analista – ego do paciente, com proposta em regime funcional interpessoal predominantemente consciente).

Com um sujeito, eu diria: "Você acha que uma quarta sessão poderia ajudá-lo?". Menor ênfase nos limites identitários, maior referência à experiência subjetiva do *self*. Apelo, portanto, à experiência subjetiva, sem incluir o *senhor Bianchi*, ou seja, sem instituir formal e oficialmente uma convocação da pessoa.

Por fim, numa situação interpsíquica, poderia dizer: "Após seus comentários sobre sentir fome, penso como seria se trabalhássemos quatro vezes por semana, o que você acha?" (convocação à cooperação associativa e ao contato compartilhado com a experiência do *self*). Trata-se de um modo *a posteriori* de compartilhar pórticos e mucosas e de fazê-las trabalhar sinergicamente.

O interpsíquico é uma dimensão universal e onipresente, mas não pressupõe necessariamente que, naquele preciso instante, opere apenas no nível funcional próprio dos sujeitos separados e capazes de efetuar o reconhecimento do outro, mesmo estando claro que esse nível deve ser alcançado pelo sujeito como um ponto avançado de seu desenvolvimento psíquico geral.

Neste sentido, Judith Guss Teicholz (1999) aponta que as interações mãe-filho ou analista-paciente comportam, sim, *uma regulação recíproca contínua, mas não necessariamente um contínuo e explícito reconhecimento recíproco*, que desse modo pode ser às vezes evitado justamente por essa regulação.

O interpsíquico pode, portanto, envolver *níveis movediços de funcionamento pré-sujeituais*, e nele, não obstante, o paciente geralmente mantém uma posição de centralidade mesmo na mente do analista (por outro lado, aponto aqui, corroborando Goldberg [1994], como no intersubjetivismo a ênfase muitas vezes acaba incidindo sobre os sentimentos, ideias e fantasias do analista durante o encontro).

O interpsíquico é um nível de funcionamento "em banda larga", uma vez que permite a coexistência natural e não dissociada, todavia constante, dos estados da mente nos quais o objeto (de *ob-jectum*: "posto, lançado diante de") é plenamente reconhecido em suas partes separadas com outros nos quais esse reconhecimento é mais difuso: e não por motivos patológicos, mas por uma temporária e transitória condição de fusionalidade comensal e cooperativa (Bolognini, 1997, 2002; Fonda, 2000) que participa da normalidade e da boa convivência mental dos seres humanos.

Poder-se-ia inclusive dizer que, nesses momentos, o reconhecimento da separação não é necessário: como exemplo, ao embarcar em um voo, os funcionários da companhia aérea solicitam meu cartão de embarque, jamais meu passaporte, anteriormente já apresentado.

Nesse sentido, a imagem da *portinhola*, fartamente explorada por mim em *Passagens secretas* (2008a), é um exemplo prolífico como símbolo de algo distinto e intermediário entre a abertura da *porta interpessoal*, em sua totalidade, e a invasão clandestina por entre *as fissuras transpsíquicas* exploradas por roedores/identificações projetivas patológicas.

A análise constrói *uma portinhola e adestra o gato* (uma porção do ego muito rápida nas intuições e associações, uma vez que familiarizada com o pré-consciente, ou que inclusive coincide com ele) a utilizá-la.

Na troca interpsíquica, amiúde admitimos *implicitamente, mas também instintiva e consensualmente, e com substancial economia energética*, que o *gato/consciente-pré-consciente* entre e saia, avance e retroceda em relação a nós e aos outros.

Às vezes o vemos e o notamos, às vezes não; sua passagem é um evento natural, não invasivo e não parasitário, não está sujeita a um controle rígido e, de modo geral, não causa qualquer incômodo.

Provavelmente, essa nossa parte é um componente decisivo de nosso saber estar no mundo, mais importante do que normalmente acreditamos.

É presumível que a esta altura possa ser colocada uma pergunta ainda mais categórica: no fim das contas, há ou não há uma separação nas relações suficientemente saudáveis?

Creio que, para respondê-la, não podemos ignorar a complexidade da relação entre os sujeitos, na qual o efetivo nível funcional – em termos de fusão/contato/separação – não é quase nunca unívoco; ele antes se baseia na presença complexa de diversas modalidades organizacionais do indivíduo e do par, alternadamente mais ou menos investidas e ativadas pelos desdobramentos da relação.

O *copensamento* de Widlöcher (2001, 2003) não implica a perda de identificação; a empatia, nas raras ocasiões em que se realiza, não demanda de fato uma perda substancial dos limites recíprocos, mas uma abertura de contato respeitosa e direcionada a áreas específicas do *self*, adaptadas àquele propósito (Fonda, 2000, 2019; Bolognini, 1997, 2002).

Portanto, no que concerne às relações entre o *interpsíquico* e os conceitos estritamente vinculados, mas, a meu ver, não exatamente coincidentes, como a *empatia* e a *identificação projetiva*, defendo que elas se prestam a descrever aspectos diversos de uma mesma e homogênea realidade relacional.

Resumidamente, *entendo o interpsíquico como um nível funcional de elevada permeabilidade compartilhada entre dois aparatos psíquicos*, responsável por facilitar situações de empatia complexa por meio de trocas baseadas nas chamadas *identificações projetivas normais* (Klein, 1955) *ou comunicativas* (Rosenfeld, 1987).

Por sua vez, a empatia é uma condição psíquica complexa, individual ou de casal, que também necessita de uma praticabilidade dos níveis funcionais interpsíquicos, mas não somente deles (Bolognini, 2002): de modo figurado, *necessita tanto da portinhola quanto da porta.*

A identificação projetiva é – sob o viés conceitual que estamos explorando – um evento mental e relacional específico, que em suas formas comunicativas utiliza em grande medida os níveis interpsíquicos de troca (a portinhola pré-consciente) e contribui para uma eventual empatia.

Nas trocas evacuativas ou intrusivo-parasitárias, ela contribui, no entanto, para a patologia, e de fato corresponde metaforicamente às invasões/fissuras exploradas pelos roedores (*clandestinidade parasitária inconsciente*).

No trabalho analítico, é essencial construir progressivamente a confiança na praticabilidade dialógica compartilhada do mundo interno; o diálogo analítico, experimentado interpsiquicamente *por dentro*, assume uma eficácia particular, inicialmente contentora e, num segundo momento, simbólica: o que é trocado pode ser experimentado muito frequentemente como experiencialmente *verdadeiro* (como num sonho) mesmo que não seja real.

Em relação à utilização técnica intencional e específica do interpsíquico, penso que ela pode ocorrer muito raramente: em geral, requer antes de mais nada uma boa sintonização do analista consigo mesmo, e depois com o mundo interno e com a organização dinâmica do paciente, a fim de que se possam transmitir elementos verbais/sensoriais combinados do interior do analista para o interior do paciente, de maneira espontânea, jamais forçada.

Isso deveria ocorrer não de maneira sugestiva, mas *num regime de consenso informado* em relação ao paciente, vale dizer, em colaboração com seu ego consciente, que deve se conscientizar gradualmente das transformações em curso: até mesmo se, para conferir ao processo em questão maior naturalidade e fruição, o par de trabalho puder eventualmente utilizar uma *porta de serviço ao térreo* (para ficar no contexto de portas e janelas psíquicas), cuja chave o paciente entregou ao analista por confiar nele.

6. Seis procedimentos técnicos mínimos de uso comum

Como consequência natural das proposições apresentadas até aqui, passo à descrição de alguns *instrumentos técnicos mínimos* amplamente utilizados por muitos psicanalistas de maneira natural e, antes de mais nada, instintiva em suas práticas clínicas cotidianas.

Injustamente pouco mencionados na literatura psicanalítica, figurando quase como *filhos de um deus menor*, esses procedimentos técnicos parecem de fato atravessar a portinhola, não porque sejam inconscientes, mas porque são de fato percebidos como essencial e consensualmente naturais no diálogo analítico; a meu ver, merecem uma menção por serem muito menos óbvios e banais do que podem parecer à primeira vista.

Neles, a modulação da distinção experiencial entre o *self* e o não *self* desempenha um papel crucial e os caracteriza como instrumentos interpsíquicos.

"Ou seja?", "Como assim?", "Em que sentido?": o pedido de esclarecimento

Essas são perguntas que geralmente fazemos durante os relatos dos pacientes, durante o seu fluxo (ou seu não fluxo) associativo; sobretudo quando nos damos conta de que realmente falta algo que não foi dito, e assim por diante.

Cito aqui três versões muito comuns: 1) "Ou seja?": o paciente disse algo que não nos parece claro; 2) "Como assim?": é uma pergunta intencionalmente breve e sincopada cujo escopo é justamente pegar as defesas do paciente desprevenidas; é uma espécie de *pedido-aspirador* por meio do qual busco fazer com que o paciente trabalhe os aspectos descritivos e qualitativos daquilo que está dizendo, de modo que ele possa avançar e ser mais específico, entrando inclusive no mérito das cores, temperaturas, qualidade, experiências e possíveis semelhanças com outras situações; 3) "Em que sentido?", uma pergunta ainda mais perniciosa e intrigante.

Essas três perguntas constituem uma solicitação complementar de esclarecimento.

Aparentemente, esse procedimento técnico (chamemo-lo assim, dado que nos referimos aqui a uma situação analítica; mas é óbvio que esse pedido faz parte de um diálogo cotidiano normal entre seres humanos) parece destinado somente a estimular um trabalho do ego central do paciente: exorta-o a completar um processo secundário apenas aventado e subitamente interrompido, esclarecendo o sentido de uma eventual comunicação reticente, elusiva, alusiva, incompleta ou mesmo pouco compreensível. Na verdade, o aspecto relacional evocado por essas simples palavras é muito mais complexo.

O objeto (o analista) *se anima*: declara o próprio interesse pelos pensamentos e afetos do outro; não permite a imposição de um regime implícito de incompreensão que o sujeito (o paciente) tenderia a estabelecer perante o analista, tal como um dia outros lhe impuseram; demonstra ter entendido que o ego defensivo do paciente está de fato se opondo ao processo de compreensão e de comunicação, e não aceita passivamente esse contrato de não beligerância cerceadora e de castração funcional oferecido pela resistência.

Outro ponto substancial é que as perguntas desse tipo ("Ou seja?", "Como assim?"), mostrando de forma aberta e apaziguante a não onipotência do analista, que declara não entender e não saber *se o paciente o ajuda ou não*, fornecem ao paciente uma *degustação experiencial direta da força da não onipotência*: quem aceitou o limite, a castração da própria ilusão de onipotência ("eu sei tudo, entendi tudo"), pode efetivamente mergulhar mais fundo nas coisas, realidades e relações.

Perguntar, nesse caso, é um exercício explícito de humildade e de realismo; a revelação do saber perguntar propõe intrinsecamente ao outro (nesse caso, ao paciente) um contato com a *sustentabilidade do não saber*, sem que isso signifique uma derrota narcisística desqualificante.

Certamente, essa abertura comporta uma parcial e temporária renúncia à condição de *enigmatismo do objeto-analista*, por vezes fecunda tanto no sentido evocativo da transferência quanto como função suspensiva do trabalho analítico; mas deve-se admitir que, não raro, essa dimensão enigmática é também inutilmente enfatizada, e inclusive empregada pelo analista com uma secreta complacência narcisística não de todo consciente, que permite descarregar sobre o paciente também as experiências de impotência e de inaptidão desnecessárias e não pertinentes ao próprio analista.

Um analista experiente sabe *tranquilamente* que não sabe muito num primeiro momento, e às vezes durante um considerável período do tratamento, e isso é, paradoxalmente, a sua maior virtude.

Essa também é uma das razões pelas quais, por exemplo, nas supervisões aos analistas em formação, estamos mais interessados na compreensão do que está acontecendo no desenvolvimento daquela análise particular, pedindo esclarecimentos sobre o porquê de algumas escolhas suas, antes de lhes apresentar imediatamente as regras ou os parâmetros pré-concebidos, que também são úteis e que em geral podemos oferecer em outros lugares (nos seminários teóricos, por exemplo) justamente para não "engessar" a exploração dos eventos complexos e específicos – como uma sessão – com fórmulas muito genéricas.

O paciente pode vivenciar um lado natural e espontâneo do analista, condensado em uma fração de segundos, *de tratar com respeito o próprio ego que não entendeu*: a superação da vergonha pode ser facilitada pela experiência direta de constatar como o outro (o analista) trata o próprio não saber.

Todavia, não se trata de uma experiência corretiva *tout court*, e sim de uma *experiência de como o outro trata o próprio self* (Bollas, 1989).

Gostaria de ressaltar que não estou abordando este aspecto sob a perspectiva ética, e sim sob a técnica: não cabe aqui saber se é moralmente justa ou não, mas antes os efeitos que ela pode produzir.

A pergunta "Em que sentido?" tem uma especificidade ligeiramente distinta. Ela propõe uma *posteridade explorativa que não onera o paciente com reticências*; é pedir algo mais, um esforço, um aprofundamento virtuoso cujo propósito é obter resultados potencialmente interessantes.

O analista, nesse caso, é mais abertamente investigativo que declaradamente desqualificado, e não paga um preço narcisístico ao lançar mão desse pedido.

Entretanto, para além dos aspectos relacionais, é evidente que, em todos esses casos, o paciente é instado a trabalhar mais, a não se deter no limiar do não dito ou do dito de forma incompleta ou incompreensível: nesse sentido, o analista pode ser comparável a um treinador que, embora atormente seu pupilo, estimula-o a desenvolver um trabalho representacional e comunicativo muito mais elaborado.

Convém salientar uma vez mais: não se trata de um procedimento pedagógico, e sim de um treinamento; por vezes, uma fisioterapia da linguagem e do pensamento.

Portanto, o paciente *não é deixado em paz*, a despeito de agir em interesse próprio.

É importante ter em mente que esse processo pode facilmente degenerar a uma situação de intromissão e persecução. Cada treinador deve estar disposto a conhecer seu pupilo, a ponto de instá-lo a um trabalho sustentável sem, no entanto, levá-lo a um ponto de ruptura.

Outra consequência potencialmente negativa de se perguntar – e que, portanto, deve ser monitorada – consiste na *deflação*, no mínimo parcial, *da idealização do objeto*, que em muitos casos pode revelar-se prematura e muito abrupta: se o analista (sujeito/objeto – suposto saber) pergunta, é porque não sabe, e isso pode ser profundamente decepcionante.

Quando a idealização do objeto é mantida e consolidada por um potente verniz narcisístico, o paciente poderá desejar a recuperação do objeto idealizado dirigindo-se a um outro analista que faça seu jogo, que se cale e não pergunte nada, como a sugestão contida no *slogan* de certa loção pós-barba difundida alguns anos atrás ("Para o homem que não precisa perguntar. Nunca!").

O analista deve estar em contato com essa potencial vicissitude defensiva do aparato mental do paciente; o jogo analítico é feito de percepções sutis e de modulações equivalentes a *quanta realidade pode ser suportada* (Micati, 1993).

Saliento, por fim, que essa reflexão conjunta, em muitos casos, se desenvolve em um nível de simetria parcial entre os dois, no interior de uma moldura assimétrica.

Caso não se apresentem com modalidades superegoicas, *essas perguntas assumem uma origem "equivalente", não vêm de cima*; a modulação de semelhança e de alteridade é crucial nesse delicado intercâmbio em que pode acontecer também de o analista pedir ao paciente: "me ajude a imaginar".

O "se" universalizante em vez do pronome pessoal

Curiosamente, devo a Irwin Yalom e a seu clássico manual de análise de grupo (1970) meu interesse inicial nesse procedimento técnico, definido por ele como *universalização da experiência* (pp. 26-28). Aliás, muito embora a dimensão grupal possa evocar um potencial maior compartilhamento das experiências, a relação dual também se vale desse processo.

Como veremos adiante, a disponibilidade desse evento relacional nos diálogos humanos não pode perder de vista o quanto de específico e não generalizável pode ser produzido no trabalho analítico; por vezes há uma margem sutil, porém substancial, entre o bom senso comum e a técnica analítica, mesmo ante a presença de zonas de sobreposição interessantes que não devem ser negadas, tampouco confundidas.

O emprego do *se* impessoal reporta a uma dimensão experiencial compartilhável da experiência do paciente, apresentando sua possível extensão a todos os seres humanos como algo comum a sua condição, limitando sua aparente anormalidade e por vezes redimensionando eventuais caracterizações como patologias. Um dos equívocos cometidos por muitos pacientes consiste em pensar que a situação em que se encontram constitui a prova de sua patologia grave, incompreensível e intratável.

Quando utilizamos o *se* (tal como fazemos com o *nós* extensivo; entretanto, o *se* é ainda mais diluído e mais bem distribuído, humanizante), deixamos o paciente mais tranquilo a respeito do fato de que aquelas experiências psíquicas e aqueles estados mentais são condições que não dizem respeito somente a ele, ou seja, pertencem no mínimo a uma vasta experiência humana e, quando possível, também às fases processuais tanto da análise quanto do desenvolvimento; ou ainda das *oscilações* para a frente e para trás num processo de regressão e progressão.

O efeito produzido por esse fenômeno reacomoda o paciente em uma área implícita de compreensibilidade, auxiliando-o a prosseguir no trabalho de mentalização e de transformação.

A mitigação da diferença entre self *e não* self *produzida quando se recorre ao "se"* reduz drasticamente as angústias de confronto, de juízo, de inferioridade, de indignidade e de inaceitabilidade.

A qualidade da experiência pode então ser explorada de forma mais tranquila e aprofundada; os aspectos narcisísticos tornam-se menos perigosos, inclusive menos estimulantes, e o controle do ego torna-se menos obsessivo; lembre-se da expressão "hoje *se* atirou" do já citado romance de Herrigel sobre o tiro com arco.

Com essa fórmula do *se*, uma diminuição da distância entre o *self* e o não *self* e entre o sujeito e o objeto é habilmente condensada;

desse modo valoriza-se um evento relacional que pode ser produzido entre os dois e que nasce de uma relação não possessiva nem controlada demais, ou seja, não intrusiva.

Em suma, utilizamos algumas vezes o *se* quando, durante a sessão, convém modular esta universalização da experiência de um modo que seja vantajoso para o funcionamento interno do paciente.

Naturalmente pode haver situações de uso defensivo do *se* quando, por exemplo, as responsabilidades individuais são negadas em um regime de conluio que nada tem a ver com o interpsíquico.

O "hum..." como extensão da meditação para favorecer a sintonização interpsíquica

Em 1954, Ralph Greenson dedicou um breve, porém impactante, escrito teórico-clínico a essa expressão, evidenciando como ela corresponde a um prazer oral e como se conecta à raiz *m-* de *mãe, mamma, mother, mère* etc.

Greenson se deteve sobretudo no componente do prazer.

Gostaria, no entanto, de chamar a atenção para o compartilhamento do *contato meditativo compartilhado* (aquele que não está tão distante da referência de Greenson ao prazer da sucção, da qual é um equivalente), em um *estado de fusionalidade não confusiva* na qual a distinção entre o *self* e o não *self* torna-se difusa.

Trata-se de um convite implícito ao compartilhamento de um nível de reflexividade estendida, favorecido por uma pausa: desse modo é possível criar e transmitir a sensação de uma mente em operação, com seu devido espaço disponível aos pensamentos.

Certamente essa é uma dimensão menos absoluta e menos inquietante do *vazio aspirado* constituído pelo *rígido silêncio do analista* (Bolognini, 2014d), destinado a atrair o inconsciente do paciente, desestabilizando o ego defensivo e colocando-o em estado de tensão.

Há situações cujo silêncio permite a percepção e a dramatização de um vazio útil, aberto à exploração do novo, e nas quais há uma *função aspiradora* nos conteúdos internos, extraordinariamente singular e profundamente analítica.

Mas há outras cujo silêncio absoluto do analista afasta o *self* do não *self* de forma pouco tolerável: fragmenta seu contato, enregela, bloqueia-o, podendo inclusive levar o paciente a uma situação de pânico.

Nesses casos, o "Hum..." testemunha e condensa o interesse por parte do analista, oferece espaço ao paciente, sugere uma função de pensamento comum que pode ser ativada, além de fornecer um exemplo funcional do tipo: "Faça como eu! Tente sentir essas coisas, o que elas trazem à sua mente?".

A interjeição "hum..." também é uma espécie de convite: estou convicto de que quando não a utilizamos de maneira excessivamente estereotipada, como parte de um processo de percepção complexa do estado mental do outro, pode resultar em um procedimento técnico útil.

Declarar que o paciente "conseguiu algo" ou que "foi capaz de...": a notificação e a valorização do progresso analítico

Este procedimento deve ser utilizado com moderação, embora seu efeito benéfico no processo analítico seja extraordinário quando aplicado no momento certo.

O paciente é reconhecido em seu trabalho analítico, em seu esforço participativo e na luta que travou contra as angústias e as resistências que poderiam afastá-lo das associações analíticas.

A aliança terapêutica é obviamente reforçada por essa comunicação, e o sentido que o paciente tem de si, nesse caso, é amplamente reconstituído.

Para alguns pacientes, esse reconhecimento serve como um verdadeiro bálsamo para as feridas relacionadas à falta de apreço por parte dos adultos em determinado momento.

Evidentemente, é importante manifestar um reconhecimento apropriado e realista, orientado sempre ao engajamento analítico do paciente, sem atribuir-lhe méritos que ele não possua de fato, mas demonstrando realmente apreciar seu trabalho durante as sessões, algo nem sempre óbvio e devido.

Esse procedimento técnico é mais importante do que parece, visto que, em última instância, tanto a regra fundamental quanto aquilo que, no senso comum, se espera do paciente são dados como certos; mas na verdade não é bem assim.

Quando um paciente consegue trabalhar durante uma sessão, quando ouve dizer que está conseguindo fazer um bom trabalho, experimenta uma enorme satisfação. Essa percepção é um fator positivo que o encoraja muito a prosseguir em seu comprometimento analítico.

A simples "repetição do que o paciente disse" (com a inevitável adição de "nuances ressoantes pré-conscientes" do analista)

Uma breve sequência clínica pode dar uma ideia desse processo.

O paciente relata um sonho cujo conteúdo manifesto se relaciona a um fato ocorrido um dia antes: um Airbus da Alitalia havia feito uma aterrissagem um tanto quanto rocambolesca no aeroporto de Fiumicino (Roma) porque o trem de pouso não se abriu como deveria. Enorme repercussão na mídia e grande impacto coletivo.

O paciente em questão está atravessando um período marcado pela dificuldade e pelo conflito de entrar em contato com uma área transferencial negativa, resistindo a sua percepção e sua representação, uma vez que teme perder uma ideia privilegiada e idealizante da relação com o analista ou, de modo geral, com o *objeto*.

Metaforicamente, poder-se-ia dizer que lhe resulta difícil *aterrissar* sobre esse plano emotivo e relacional, o qual, muito provavelmente, ele prefere apenas *sobrevoar*...

> *Paciente: "No sonho, eu estava dentro de um veículo que voava, talvez uma van perdendo altitude. Eu estava no assento do passageiro. Era evidente que acabaríamos em um extenso pântano de águas turvas e lamacentas".*
>
> *Analista (em ritmo lento, com uma pausa intencionalmente importante, mantendo uma apreciação interessada daquilo que o paciente disse de relance, de modo a proceder a um exame conjunto por meio de um zoom, em câmera lenta, daquela sequência que, vista de outro modo, seria rápida e efêmera): "Ah!... então... a van... (pausa na qual se percebe que, para o analista, a van pode representar alguma outra coisa, um veículo genérico transferencial/contentor capaz, utilitário) está planando... (outra pausa, para sublinhar a possibilidade de uma descida gradual e não traumática; uma*

descida com tempo suficiente para pensar) rumo a um extenso pântano de águas turvas e marrons... (pausa; o elemento água remete a uma dissolução da liquidez/fluidez emotiva, mas o ponto forte é o marrom, sublinhado pela pronúncia do analista como uma característica orientada à sujeira), cheio de lama... (pausa para fazer ressoar a crescente evidência da natureza residual/fecal do plafond contido nessa representação) e ele está ao lado do motorista... (pausa; a frase foi pronunciada pelo analista com uma certa vitalidade repleta de curiosidade, como que apontando um despertar do interesse para a relação) que, no entanto, não é visto... (suspensão explicitamente intencional, com efeito convocatório à percepção da ineludível coincidência com uma característica da situação analítica na qual o paciente está ao lado do motorista, mas não o vê)".

Paciente (rindo, pois percebe uma transformação interna em curso que o surpreende): "Ouvindo agora você repetir a cena, é inevitável pensar que eu estava ao lado dele!".

Analista (percebendo, por sua vez, o início da abertura dos canais pré-conscientes no paciente): "Em suma, trata-se de aterrissar sem causar danos... também aqui, como no caso do avião de Fiumicino... mesmo que, ao que parece, seja inevitável entrar em contato com águas não muito... cristalinas!".

Agora parece evidente a ambos, após essa revisitação de ressonância amplificada, que o paciente deve descer de maneira fruível de uma posição idealizante a uma mais realística em relação a si próprio e ao objeto, integrando também os aspectos transferenciais negativos, que serão, muito provavelmente, representados e visitados de maneira progressiva e não traumática.

O uso orientado e intencional do "nós" em passagens comunicativas específicas

Esse procedimento, destinado a produzir sinergias funcionais e compartilhamentos sustentáveis, assume grande importância como evento analítico, como comunicação analítica e como ato representacional de um par em trabalho.

O verdadeiro *nós* se constitui na fusionalidade primária quando ela funciona e pode ser suficientemente bem experimentada, permitindo, consequentemente, uma progressiva definição do *eu* e do *você*.

Entretanto, ele só pode ser reconstruído com muita paciência e sem forçar tempo e andamento quando essa boa fusionalidade não estiver se constituindo suficientemente bem, ou quando ela tiver se rompido por algum trauma do sujeito.

A constituição ou a reconstituição de uma capacidade de fusionalidade não confusiva, em alguns casos, pode ser uma parte fundamental de nosso trabalho: trata-se de instaurar conjuntamente um *nós* de base que coexista com o senso de individualidade; sem, no entanto, perder de vista essa alternância fisiológica e dinâmica entre o senso de individualidade e o de alteridade, de um lado, e a saudável despersonalização fusional, de outro.

A aliança de trabalho será, nesse caso, um dos possíveis frutos dessa extensão fisiológica do *self*, elemento imprescindível para que se tenha acesso a uma relação interpsíquica.

Em síntese, os seis dispositivos técnicos minimalistas apresentados fazem parte do nosso cotidiano, são quase sempre onipresentes e são comuns à experiência de todos os analistas.

Vinculados aos níveis interpsíquicos da relação, merecem ser mencionados a despeito de sua aparente inespecificidade, uma vez que, assim como a portinhola, tornam nossa jornada laboral menos dispendiosa, mais natural e mais eficaz.

7. Antes do intersubjetivo: a clínica dos pacientes "pré-sujeituais" e "pré-analíticos"

Geórgia

Geórgia se enquadra naquilo que costumo definir como *uma paciente pré-sujeitual e pré-analítica.*

Ao me consultar para um tratamento, não aceitou minha proposta de iniciar uma análise: disse-me que recostar-se num divã e encontrar-se frequentemente consigo mesma "desde o início" (estas foram suas palavras) seria para ela insuportável.

Assim, trabalhamos *vis-à-vis* por um ano.

A meu ver, ela é pré-subjetiva porque foi – e em parte ainda é – ocupada e substituída por identificações internas que impedem, a ela e a mim, de entrar em contato com algo que seja autenticamente *seu.*

Por outro lado, ela também me parece pré-analítica, porque, mais cedo ou mais tarde, sinto que ela poderia evoluir à análise, a despeito de sua recusa presente e de sua organização defensiva.

Em algumas ocasiões, de maneira um tanto evasiva, ela me segredou um problema específico de sua filha de três anos e meio, incapaz de defecar no banheiro ante a presença de pessoas, à exceção da própria mãe.

Geórgia, que trabalha e não pode ficar em casa o dia todo, deve estar presente e assistir às evacuações de sua filha durante a noite, como num ritual, sem qualquer possibilidade de delegar essa função tão íntima à babá que permanece com a filha durante o dia.

Trata-se de uma situação que ela sinceramente lamenta como um problema mais para sua filha do que para si mesma.

Recentemente, notei que Geórgia estava se familiarizando mais comigo e passando a depositar maior confiança em mim.

Há uma semana seu celular tocou durante a sessão; ela olhou a tela e subitamente decidiu atender a ligação, algo que jamais havia feito antes.

"Doutor, me desculpe, é uma chamada da babá."

Não era a babá: era a própria filha quem estava do outro lado da linha.

Queria contar à mãe que havia acabado de conseguir fazer suas necessidades na presença da babá!

Sua voz transpôs o espaço entre o celular e a orelha de sua mãe e chegou até mim; uma voz estridente e alegre que anunciava um grande acontecimento, uma verdadeira conquista, da qual Geórgia tratou imediatamente de compartilhar, demonstrando grande alegria. Uma *celebração* espontânea da qual eu também participei, compartilhando, com manifesta expressão facial, a satisfação geral que tomava conta do ambiente naquele momento, e que se estendeu por algum tempo após o fim da ligação.

Durante esse episódio minimalista, percebi que a intimidade aumentava, estendendo-se a vários âmbitos interconectados: entre a filha e a babá, entre mim e Geórgia e, sem sombra de dúvidas, intrapsiquicamente, entre o ego central de Geórgia e seu *self*.

Todos esses níveis estavam ali presentes e interagiam entre si.

Menciono essa situação absolutamente trivial, mas profundamente complexa e significativa, de modo a confirmar os diversos níveis e aspectos possíveis da intimidade, bem como sua importância para a evolução de um processo terapêutico.

Graça

Em quarenta anos de trabalho psicanalítico e psicoterapêutico, tive apenas dois pacientes que, quando falavam, balançavam automaticamente a cabeça como se dissessem "não".

Sobre a primeira, Graça, já escrevi há alguns anos (Bolognini, 1991): enquanto dizia amar loucamente seu marido, com uma expressão premente e quase desesperada, como se tivesse a obrigação de convencer-me daquela verdade, ao mesmo tempo dizia não com a cabeça, num paradoxal efeito de negação inconsciente que traía suas próprias palavras.

Dois meses depois, quando Graça subitamente traiu o marido, às voltas com uma paixão verdadeira (por outro homem) pela primeira vez em sua vida, pensei que naquela sessão dramaticamente tensa duas Graças haviam se expressado: uma consciente e deliberada, reativamente sincera e conformada; e outra inconsciente, que de dentro emitia um sinal oposto, como um prisioneiro que tivesse recorrido a um expediente ludibriante para enviar uma mensagem para fora da prisão utilizando o próprio carcereiro como mensageiro.

Enquanto "a primeira Graça" dizia amar o marido, "a segunda Graça" – sem o conhecimento da primeira – dizia não com um movimento de cabeça, como quem dissesse: "Não acredite nela, *as coisas não são bem assim!*".

Hoje posso dizer que Graça era um sujeito inicialmente muito neurótico, mas era de fato um sujeito, no sentido analítico do termo. Seu "dizer não" com a cabeça era egodistônico, mas seu senso de especificidade, de consistência e de continuidade do *self* estava presente e era perceptível.

A segunda paciente, sobre a qual falarei com mais detalhes, é Renata.

Renata

Eu a vejo *vis-à-vis* há cerca de um ano naquela que considero uma psicoterapia preparatória à análise, e também ela, assim como Graça, parece dizer não com a cabeça enquanto fala. Mas o efeito é completamente distinto, até porque seu gesto não é episódico; é constante, manifesta-se a todo momento; é egossintônico; parece antes estruturado de forma estável, e – aspecto clínico sob hipótese alguma secundário – foi acompanhado desde o início por uma experiência para mim muito mais invasiva e condicionante.

Despendi algum tempo até conseguir entender por que, nessa interação com Renata, eu me sentia tão paralisado, impotente e irritado.

Desde a primeira sessão *eu já não era eu*, e algo me dizia também que *ela não era ela mesma.*

Renata falava com muita convicção sobre o comportamento "estúpido e absurdo" do marido, convidando-me a testemunhar seus episódios substancialmente sadomasoquistas, mais com desconcertada reprovação, que ali eu era instado a compartilhar, movido por seu olhar explicitamente convocatório, que com dor, um afeto que não parecia encontrar lugar nem expressão em seus relatos.

Por um lado, a paciente me induzia a uma óbvia concordância com seu ponto de vista, em razão também da real estranheza do marido, que, em diversas ocasiões, parecia se comportar da maneira mais insensata e deplorável possível, mas a quem ela parecia, no entanto, fortemente vinculada.

Por outro lado, me sentia invadido por uma grande frustração, visto que, paulatinamente, estava me tornando, à minha revelia, uma testemunha impessoal e teleguiada, excessivamente determinada por suas projeções, com pouca ou nenhuma margem de manobra de minha parte.

Essencialmente, eu era para ela um médico especialista chamado a resolver um problema com procedimentos técnicos, para o qual eu deveria fornecer uma explicação racional e reconfortante, numa amplitude de ondas marcada por um constante consenso informado: um diálogo *ego paciente/ego analista* (Bolognini, 2002) sem sequer um respiro pré-consciente, de modo que nada fugisse a seu controle.

E ela continuava a dizer não com a cabeça, com bastante convicção, me olhando com um ar que, com o tempo, passei a reconhecer que parecia cada vez mais didático e reprovador do que propriamente intimidatório: o ar de um adulto que mostra a uma criança irracional como as coisas que pensa não têm de fato sentido, não têm pé nem cabeça; que as ideias e sensações dela estão redondamente equivocadas e que um adulto (o pai ou a mãe) está ali para fazê-la entender de maneira polida e educada e para conduzi-la a um raciocínio justo e adequado.

Em suma, a cabeça "que dizia não" dava a entender à criança que não, as coisas que ela pensava ou fazia não eram certas: *não é assim que se faz (ou se pensa!)*, de modo a substituir seu sentir subjetivo, passando de uma equilibrada função pedagógica a uma verdadeira e progressiva lavagem cerebral.

Além disso, comecei a entender (paulatinamente) que eu estava sendo induzido a condensar em mim dois objetos: eu era ao mesmo tempo o suporte projetivo eventual, o ator involuntário engajado na representação do *marido/filho insensato e mau*, tal como acontece quando, num arroubo argumentativo, uma pessoa utiliza dialeticamente o pobre amigo no papel ficcional de inimigo: "o quê!? como pode dizer isso!? é assim que me trata!? você não entendeu nada!", imobilizando-o naquela incômoda posição como representante ocasional do adversário, constrangendo-o a suportar um sermão inflamado e monótono, autorreferido e sem sequer lhe conceder a possibilidade de uma réplica.

Mas eu me tornava uma espécie de *segundo adulto* coadjuvante de uma cena com mais personagens, a testemunha final da reeducação da criança por parte do *primeiro adulto* (personificado pela própria Renata), e assim me restringia a somente confirmar e ratificar – numa situação que sequer era colocada minimamente em dúvida – a explicação e a correção aplicadas ao pequeno pecador.

Quiçá eu fosse até mesmo o pai que deveria observar a reeducação do filho ministrada pela própria mãe, ou vice-versa; não dispunha de qualquer elemento suficiente para entendê-lo naquele então. Certamente eu me convertia também num pai que devia dar razão à mãe no episódio de reeducação, compondo assim uma esmagadora maioria de "adultos" em relação à pequena Renata de outrora.

Naturalmente, essa encenação era replicada muitas vezes, de sessão em sessão, variando apenas os pretextos e as eventuais ambientações; profundamente plasmada e fixada, ela era recusada tanto no âmbito *interpessoal* (certamente entre ela e o marido e, somente num segundo momento, entre mim e ela) quanto no âmbito *intrapsíquico*: eis como seu ego tratava seu *self*, mostrando-lhe o quão tolo e inadequado ele era e como precisava ser reconduzido ao caminho certo: "Não, não e não! Não é assim!" (sempre dizendo-lhe não com a cabeça).

Onde estaria o *self* de Renata, o *self* profundo?

Convém mencionar que o tipo de comunicação era muito mais *transpsíquico que interpsíquico*: a sensação de paralisia, de ter sido invadido por uma identificação projetiva controladora do genitor interno de Renata, não permitia a manifestação e a expressão do meu *self* e remetia a uma provável modalidade anal de inculcar algo no outro, *ocupando-o*, *substituindo-o* e, portanto, *condicionando-o*, uma vez transpostas suas insuficientes defesas.

As trocas não se davam pelas vias naturais e humanizantes do interpsíquico.

Problema consequente: *com qual Renata, ou com qual aspecto dela, estávamos lidando?*

Ainda hoje, quando Renata entra em meu consultório, sinto que acolho uma personagem heterogênea e multifacetada: a excelente profissional leva ao consultório uma menina pouco presente, desbotada, que pouco se deixa ver e que também não me vê.

Por outro lado, a profissional/genitora me vê muito bem (ou, antes, me mantém sob constante controle), e de tempos em tempos torna a me solicitar um relatório de pormenores técnicos sobre como funciona o tratamento e – quanto a isso já tenho experiência com outros pacientes semelhantes, de modo a estabelecer uma organização interna e uma configuração relacional –, nos momentos difíceis de seu percurso pré-sujeitual, me diz que "não vê resultados!", frase típica e aparentemente muito legítima e coerente num ambiente difuso de validação científica baseada em evidências, mas que na verdade mostra a atuação de um genitor que contesta nossa utilidade funcionando como um "terceiro" intrusivo, insolente e que não dá apoio.

Há muito tenho recebido esse *par intrapsíquico genitora-menina* condensado e desbalanceado, buscando tolerar, conter e acalmar a prevalente genitora interna e fazer aclimatar e emergir a menina/*self* negligenciada: um trabalho que defino certamente como pré-sujeitual, uma vez que o sujeito, "um ser humano com um núcleo de contato bem coeso consigo mesmo, capaz de perceber bastante bem as próprias sensações e os próprios afetos com um senso de continuidade de si" que "pode funcionar desse modo mesmo quando sua separação é incompleta e seus limites pessoais podem estar ainda pouco definidos, mas quando a percepção coesiva de ser quem se é está presente e devidamente compreendida" (Bolognini, 2016a, p. 11) ainda não existe, ou existe apenas parcialmente e não pode se exprimir.

Em síntese, no plano teórico, poder-se-ia dizer que Renata é uma paciente em um estado muito constante de identificação com um objeto interno prevaricante e que, portanto, o problema consiste em resolver essa defesa identificatória; o que, de certo ponto de vista, é verdadeiro, porém essa formulação não dá conta de descrever toda a situação em sua real complexidade.

Essa formulação carece de uma descrição complementar da imaturidade, da fragilidade e da não separação do *self* de Renata, que é como um feto que ainda necessita de um *quantum* gestacional antes de ser exposto aos processos e às provações do contato relacional separado.

Portanto, cabe ao analista lançar mão inclusive dos procedimentos realmente complexos de contenção e de nutrição pré-natal, pré-separativos, semelhantes a uma alimentação placentar, que não requer os equivalentes de um explícito comprometimento boca-seio, sob o risco de o genitor interno irromper e no mínimo perturbar o processo, podendo inclusive sabotá-lo ("Não vejo resultados, por isso levo a menina embora!").

Renata ainda não é um sujeito

A verdadeira Renata ainda se encontra em uma condição pré-sujeitual, não sustenta o confronto com o outro, tampouco está em condições de utilizar uma área intermediária na qual a distinção entre o *self* e o não *self* seja proveitosamente fruível e con-vivível.

Nesse estágio, trabalha-se *de dentro*, sem dar nas vistas, ou seja, sem alarmar ou atacar a genitora despótica interna em demasia, de modo que *a menina não vá embora*; trabalha-se para que Renata compareça às sessões, para que se sinta progressivamente ambientada, para que se inicie uma troca – ou antes uma negociação – entre mim e as partes pseudoadultas identificadas com o objeto genitorial (em alguma medida, as sessões frequentemente envolvem um diálogo bastante absurdo com esta genitora interna/Renata profissional).

Essa estratégia clínica permite ao núcleo profundo do *self* da paciente *habitar* os aposentos da análise de um modo experimentável e crescer (assim espero) em um regime suficientemente protegido, à espera de um primeiro lamento autêntico e de um olhar que me veja com algum lastro de emoção. Não se trata ainda de um verdadeiro *coabitar*.

No momento Renata não me vê: sou apenas um jaleco branco, um médico especialista que, no entanto, não existe de fato.

Reitero: *esse não é um trabalho intersubjetivo* (o sujeito ainda está por vir), *é um trabalho interpsíquico*, com o incremento daquela *nutrição placentar pré-sujeitual*, tema que será abordado mais adiante.

E assim o será até que Renata constitua um senso de si bastante autêntico e constante, superando o massivo estado identificativo com um objeto interno invasivo que a ocupa e que se interpõe entre nós, até que ela se deixe emergir a si mesma de forma mais verdadeira, afetiva e consistente: é precisamente nesse ponto que ela evoluirá para a condição de *sujeito*.

Contudo, basta não fazer nada e esperar que esse processo aconteça? Ou haveria, sim, condições adicionais que poderiam facilitá-lo? Outrossim, em que medida essas condições serão tecnicamente organizáveis ou poderão ser facilitadas, ou tão somente apreciadas, reconhecidas e valorizadas quando de fato se concretizarem?

Renata, amanhã, talvez

Voltando ao trabalho com Renata, gostaria de mencionar que não estou de fato seguro de que esse tratamento possa se desenrolar dentro dos moldes e conforme os prazos necessários.

Espero, e farei o possível para que isso aconteça, mas nutro algum receio relativo à tolerância da genitora interna, que ocupa tanto espaço nela e que vigia atentamente nossa copresença (ainda não me sinto seguro para afirmar que há uma colaboração efetiva); e estou preocupado também em relação à mescla de idealização/medo/angústia separativa que por ora, inconscientemente, predomina na paciente e ainda a impossibilita de perceber-se de maneira autêntica e de projetar-se numa dimensão mais individuada.

Ainda hoje Renata parece vir a meu encontro com uma configuração e um estilo psíquico que eu definiria como "ambulatoriais": o analista, nesse caso, deveria apresentar-se trajando um jaleco branco e atuar segundo um protocolo.

Por ora, uma análise parece impossível: Renata não a aceitaria, e já o disse aduzindo obstáculos concretos de todo gênero (embora no seu caso sejam facilmente superáveis), revelando uma desconfiança profunda na relação, a defesa primitiva em apartar-se do centro do eixo relacional, e – em outro nível – o receio de trair a genitora interna submetendo-a a uma série de retaliações.

Nos últimos anos jamais se falou tanto, em nossa literatura específica, da necessidade de *construir o paciente analítico* (Ogden, 2003; Busch, 2014; Bolognini, 2015a) de modo gradual, dadas as barreiras de diversos tipos, narcisísticas e identificatórias/substitutivas, que impedem desde o início um *intake* natural e regular para um trabalho analítico no sentido clássico, ou seja, capaz de satisfazer as necessidades profundas do paciente.

No caso de Renata e nos casos de tantos outros pacientes aparentemente muito normais, socialmente adequados e, por vezes, muito bem-sucedidos, todavia perturbados e incapazes de uma relação de troca com o outro de interno para interno, a construção do paciente analítico e a evolução da pessoa devem necessariamente passar por experiências interpsíquicas preparatórias que nutram o *self* de maneira progressiva e tolerável tanto do ponto de vista narcisístico quanto daquele das instâncias superegoicas, dosando milimetricamente a percepção do não *self*, mesmo que estejamos e permaneçamos bem vivos, nós e eles, convivendo psiquicamente sem forçar em demasia os tempos do processo.

Caso esses desenvolvimentos se realizem de fato, a nutrição interpsíquica poderá paulatinamente dar lugar à relação intersubjetiva e, portanto, à interpessoal, adequadas aos diversos níveis de coesão e percepção do *self*, de separação e de reconhecimento específico tanto de si mesmo quanto do objeto.

Tal como ocorre frequentemente em nossa profissão, também com Renata espero que, se conseguirmos levar adiante nosso trabalho, um dia ela me pergunte com surpresa se determinado quadro ou determinada lâmpada (que há pelo menos trinta anos fazem parte do meu *eu estendido* ali na sala de análise) "estiveram sempre ali".

8. Psicanálise e psicose: reencontrar o *self* para reconstruir o ego

O tema de que me ocuparei neste capítulo não é aquele do tratamento psicanalítico das psicoses, sobre o qual a psicanálise conta hoje com uma rica e fascinante literatura, bem distribuída geograficamente pelos três continentes (basta pensar, somente para citar alguns pilares históricos, os trabalhos de Bion, H. Rosenfeld, Searles, Ping Nie Pao, Badaracco, Zapparoli, D. Rosenfeld); em vez disso, farei uma observação mais geral sobre as atuais perspectivas para a compreensão psicanalítica das alternâncias entre os níveis relativamente saudáveis – inclusive os neuróticos – e os níveis psicóticos do funcionamento mental.

O trabalho analítico reconstrutivo das funções egoicas prejudicadas ou impedidas pela psicose, em muitos casos, pode ser realizado a partir de uma paciente e delicada *reabilitação do campo da relação de base* e de uma consequente *reparação indireta, "de segunda intenção", do ego por meio de uma reconstituída e fruível experiência do self.*

O tema é atual e fascinante, e pode ser abordado sob *duas perspectivas: a psiquiátrica*, sobretudo no que se refere aos diagnósticos precoces, às primeiras manifestações psicóticas nos jovens, ao *breakdown* psicótico e às sucessivas estratégias de compensação nos casos solidamente estruturados em sua patologia; *e a psicoterapêutica/psicanalítica*, em razão da capacidade cada vez mais acurada dos analistas de identificarem as flutuações funcionais do psiquismo e da relacionalidade objetal em um espectro amplo, que parte do verdadeiro polo psicótico e vai até ao sujeito relativamente saudável, tangenciando níveis funcionais muito diversificados e oscilantes.

No âmbito estritamente psiquiátrico, segundo autores contemporâneos (para uma apreciação do tema, ver Van Os, Reininghaus, 2016), um corpo robusto de pesquisas aponta que as leves e transitórias expressões de sintomas psicóticos (como delírios e alucinações), denominadas "experiências psicóticas", podem ser encontradas na população em geral com frequência significativa, representando, muito provavelmente, manifestações comportamentais de uma predisposição à psicose que pode ser de natureza genética, intrapsíquica, relacional e socioambiental.

> *A maioria (cerca de 80%) das pessoas que apresentam essas "experiências psicóticas" de fato não sofrerá de um transtorno psicótico: 20% seguirão relatando essas experiências de maneira persistente, ao passo que, dentre elas, cerca de 7% desenvolverão um distúrbio com implicações estruturais.*
>
> *Constitui-se assim uma espécie de ponte, um* continuum *entre normalidade e patologia, e uma avaliação dimensional, não categórica, mesmo perante sintomas mais graves na psicopatologia, deverá ser considerada. (Pazzagli, 2017, p. 103)*

Essa vasta realidade clínica assume uma importância muito relevante também no âmbito de prevenção das patologias psiquiátricas, e não por acaso a área das *manifestações psicóticas iniciais na adolescência* também adquiriu uma importância crucial para fins de intervenções terapêuticas eficazes, justamente por serem oportunas e solidamente orientadas também no sentido teórico.

A psicanálise contemporânea tem a ambição de aportar uma contribuição consistente a essa problemática, e, naquilo que me cabe, proponho sua discussão sob o viés específico das relações entre o ego e o *self* (Bolognini, 2008a), explorando algumas conexões funcionais a meu ver nem sempre corretamente consideradas em sua real relevância.

Um primeiro *détour* associativo dessa questão tão ampla me remete ao trabalho desenvolvido com uma gama de pacientes muito diversos entre si: desde aqueles que teriam sido definidos como "psicóticos" pelos analistas, mas não pelos psiquiatras (pacientes que fazem uso massivo de funcionamentos mentais de tipo psicótico, com cisões, dissociações, hiperprojeções, identificações projetivas patológicas, fugas autísticas e microdelírios mais ou menos encapsulados, mas que conservam um quadro externo socialmente aceito e, de maneira geral, compatível com uma aparência de normalidade, enquadrando-se no *mare magnum* – imenso mar – do espectro de *borderline*), passando por aqueles indubitavelmente necessitados, por consenso geral, de assistência e atenção psiquiátrica global para que se mantenham suficientemente compensados; até aqueles inicialmente diagnosticados como psicóticos psiquiátricos, que readquirem, por sua vez, uma neuroticidade efetiva tranquila após anos de corajoso e árduo trabalho analítico ou – mais frequentemente – de psicoterapia psicanalítica.

Em suma, pessoas cujo regime de funcionamento do ego havia provado evidentes e notáveis variações em diversas ocasiões.

Um paciente psicótico não psiquiátrico

Depois de muitos anos, me vem à memória um paciente, na casa dos trinta anos, rico, bem-vestido e antenado com as tecnologias, que costumava parar numa rua próxima a meu consultório para falar com um papagaio mecânico que soltava bolinhas coloridas de plástico pela boca.

O papagaio abordava de forma obviamente estereotipada os transeuntes que passavam num raio inferior a dois metros, convidando-os a inserir algumas moedinhas na máquina; meu paciente respondia ao papagaio da mesma forma, e não por brincadeira, mas travando um diálogo absurdo, mas sussurrado, que os demais transeuntes pareciam não notar.

Nas sessões, recobrando um nível de funcionamento egoico progressivamente melhor, o paciente pouco a pouco foi se dando conta – pelo menos em parte – de suas fases de confusão regressiva; eu e ele conhecíamos seu nível psicótico, mas nenhum psiquiatra jamais estivera envolto em sua existência, justamente pelo fato de, no âmbito externo, ele conseguir se portar e não criar problemas.

Com o tempo, chegamos inclusive a admitir que o papagaio era mais reconfortante e previsível do que eu, e custava muito menos (considerações que uma parte evoluída do paciente compartilhava em tom de deboche, mas que uma outra parte dele, muito mais íntima, desestruturada e vulnerável, não via como engraçadas).

Portanto, níveis muito distintos de funcionamento do ego do paciente coexistiam e se alternavam. Ao longo dos anos, aprendemos bastante sobre o sentido e as razões dessas alternâncias.

Percebemos, por exemplo, como nossa relação as influenciava, às vezes diretamente, às vezes não; quanta ambivalência ele provava em relação a mim e, de modo geral, em relação ao objeto; e como seu contato interno consigo mesmo e, sobretudo, com seus sentimentos – ora suficientes, ora deficitários – era decisivo para fazer com que seu ego funcionasse de maneira adequada.

Esse trabalho durou muitos anos e contou com diversos episódios de recuperação reintegrativa e regressão a funcionamentos secionais/dissociativos arcaicos; deslocou em alguma medida o centro gravitacional da organização interna do paciente rumo a uma maior integração, melhorando, de modo geral, a qualidade de sua existência; mas não eliminou totalmente a fragilidade de seu equilíbrio perante as vicissitudes das relações internas e externas. Em suma, o paciente obteve melhora e experimentou um contato melhor consigo mesmo e com os demais, mas imagino que ainda hoje tenha eventuais regressões desorganizadoras, inclusive dramáticas, ante situações de dificuldade.

Um episódio reintegrativo em um paciente psiquiátrico crônico

Como exemplo intrigante e notável em direção oposta a essas *défaillances* funcionais alternadas, cito o caso de um paciente com diagnóstico de esquizofrenia hebefrênica crônica que, durante trinta anos, permaneceu internado no Hospital Psiquiátrico de San Clemente, em Veneza, atendido – devo confessar, com grande paciência e resignada humanidade – pela equipe da assistência.

Esse homem, hoje idoso, cronicamente estável em sua grave condição esquizofrênica, certo dia assustou uma enfermeira do referido hospital em um episódio agudo de... reintegração!

Seu irmão mais velho, que desde o início do tratamento o visitava semanalmente, levando-lhe mantimentos, havia falecido há dois anos. Ninguém lhe dera a notícia da morte, em parte pela pouca confiança em sua possibilidade de mentalizar o fato e talvez também por medo de perturbá-lo ainda mais.

O paciente era (segundo o prontuário médico e a opinião da equipe de enfermagem) um indivíduo absolutamente afetado, estúpido, que transmitia uma sensação de pouca inteligência: uma combinação particularmente infeliz de hebefrenia e debilidade mental.

Sempre perguntava do irmão, mas de maneira esquiva e boçal, substancialmente evasiva.

A enfermeira entra em meu consultório da ala médica visivelmente abalada: ao aproximar-se do leito do paciente para perguntar-lhe se queria tomar o café com leite matinal, ele a agarrara pela mão.

Ele a fitara diretamente nos olhos, com uma inquietante profundidade "íntegra", nunca manifestada anteriormente, e lhe perguntara em dialeto veneziano: "Maria, diga-me a verdade: Sérgio está morto, certo?".

A enfermeira ficou perturbadíssima: "Doutor, nunca o vi assim, ele estava completamente em si!".

Logo em seguida, porém e tristemente, tudo voltou a ser como era.

Esse episódio entrou para a história oral da ala como exemplo paradoxal e perturbante da imprevisibilidade das condições humanas em geral, mas também como um daqueles eventos que podem abalar um interlocutor incauto: um pouco como se um paciente internado e clinicamente declarado morto de repente voltasse a respirar.

A flutuação dos níveis integrativos no funcionamento do ego

Por experiência e consenso geral, este é um dos aspectos mais intrigantes da experiência psicanalítica, e nossa visão do mundo e das relações humanas inevitavelmente muda após experimentarmos e após registrarmos, dentro de nós mesmos, as variações contínuas e por vezes importantes de nossas microdisfunções esquizoparanoides e/ou depressivas no âmbito pessoal; a ampliação e o aprofundamento tridimensional do nosso espaço interno ou seu achatamento e contração; o transbordamento invasivo e distorcido de nossas projeções, obviamente concebíveis somente em retrospectiva; e o efeito aloplástico das identificações projetivas, tão influentes sobre o outro no bom e no mau sentido: por um lado capazes de transmitir com eficácia nossos pensamentos e sentimentos, quando predominantemente comunicativos, e, por outro, capazes de invadir e oprimir o outro, quando intrusivos, evacuativos ou controladores.

E assim por diante.

Nos melhores momentos de autoconsciência (geralmente durante nosso trabalho, quando estamos mais sensíveis e integrados na escuta do outro e de nós mesmos), conseguimos associar nossas meteorologias internas tão oscilantes aos movimentos do pensamento, aos encontros e às trocas até então subestimados em sua importância, aos eventos internos e externos que nos tocaram, às condições e até mesmo aos detalhes que determinaram o estado daquele *self* momentâneo.

Nesses momentos, estamos em condições de conferir um sentido ao nosso estar no mundo e ao nosso modo de trabalhar naquele dia, com a resignada, porém confiável tolerância com nossas flutuações funcionais, algo que caberia a nós como aquisição de nossa experiência formadora.

Afinal, o que é um analista senão uma pessoa que aprendeu a reconhecer e a tolerar *um pouco mais do que os outros* o modo de funcionar – ao fim e ao cabo – *dentro de nossas possibilidades?* E não é – ou deveria ser – ao mesmo tempo uma pessoa que confia bastante em si mesma no que diz respeito à possível recuperação de um melhor funcionamento, malgrado as oscilações e dificuldades tão inerentes aos seres humanos?

Certamente, esse é um aspecto muito parcial da nossa identidade profissional, mas ao longo dos anos aprendi a levar isso em consideração.

*Aspectos econômicos da relação "ego-*self*"

Embora este subtítulo possa destoar das considerações anteriores, ele se refere a uma possível porta de entrada à questão da abordagem psicanalítica da área psicótica em geral, uma vez que o balanço econômico, a meu ver, é muito importante em relação ao grau de vitalidade psíquica do sujeito, que, por sua vez, é no mínimo codeterminado pela relação interna entre o ego e o *self*.

Num primeiro momento, vou me deter no terreno do *intrapsíquico*.

Minha hipótese é que *a redução do dispêndio energético do ego defensivo para defender-se do contato com o* self *recalcado permita ao ego central trabalhar melhor e de forma mais integrada*.

Como já expliquei no Capítulo 1, sustento que esse regime econômico funcional não corresponde necessariamente às defesas de recalque, tampouco às de cisão e dissociação, dado que estas últimas parecem, em termos psíquicos, impor problemas de tipo patrimonial em vez de dispêndio energético (Bolognini, 2008b).

Para se obter uma condição de menor dispêndio energético no âmbito da cisão/dissociação, nós, analistas, devemos contribuir para *refamiliarizar o ego com o self* mediante o trabalho analítico; defendo a hipótese de que esse aspecto econômico é tão importante no funcionamento dos pacientes graves quanto no funcionamento dos neuróticos (para os quais se tende tradicionalmente a uma valorização desse fator).

Eu representaria esse processo com uma clássica metáfora político-militar: é como se um país tivesse de reduzir o contingente de tropas no *front* para dispor de maiores recursos econômicos e capital humano dentro de suas fronteiras; as mudanças quantitativas (menos soldados no *front* e menores custos para mantê-los em combate no campo de guerra) em condições menos persecutórias e menos preocupantes produzem alterações qualitativas na vida interna daquele país, que, em seu conjunto, pode-se tornar menos defensivo e mais produtivo.

Sujeitos com um grande ônus de recalque parecem estressados, cansados, e apresentam – por assim dizer – olheiras profundas e acentuadas; como se carregassem uma bagagem muito pesada, e essa dinâmica diz respeito sobretudo às defesas que se opõem ao contato com o *self* recalcado.

Não as defesas de cisão e dissociação, que, em termos econômicos, não têm *custos de gestão*, mas causam *perdas de capital* (ou seja, de partes do *self*) que as empobrecem, mas, em contrapartida, não são muito onerosas; elas muitas vezes carecem de complexidade, profundidade e força relacional, ou, em poucas palavras, são *menos humanizadas*.

Em compensação, pacientes muito perturbados que não se reconhecem como tais viajam rapidamente, aparentemente mais revigorados e – metaforicamente – sem bagagem de mão, *easy going and no problem people*, e se defrontam com sucessivos inconvenientes de tipo persecutório quando o sujeito reencontra no mundo externo as partes dissociadas e extraviadas para longe, não as reconhecendo como suas.

Essas partes o seguirão (*per-seguição*; o prefixo latino *per-*, de *per-sequi,* tem valor intensificativo e multiplicativo, como *hiper-*) numa incessante tentativa de retornar, de modo centrípeto, ao mesmo lugar de onde foram expulsas: ou seja, ao mundo interno do sujeito.

Situações de pavor, idiossincrasias ou verdadeiros sintomas deliroides ou delirantes são manifestações da incessante luta do ego contra partes do *self* que o perseguem porque *pedem* para entrar de volta.

Refamiliarizar o ego com o self

Nessa teorização das relações secretas e inconscientes do ego com o *self*, reconheço prontamente que me sinto em dívida com o Freud de *Luto e melancolia* (1915a), com toda a obra de Winnicott e com Bollas (de *A sombra do objeto* [1989] em diante): muitos outros, a meu ver, traçaram um percurso que hoje permite representar a *relação entre o ego e o* self *de um indivíduo como um equivalente funcional intrapsíquico condensado da relação primária mãe-filho*.

Em outras palavras, o *ego tende a tratar o* self *mais ou menos como a mãe tratou* (em sentido muito genérico, mas sobretudo psíquico) *o próprio filho*.

Durante o trabalho clínico, me parece muito natural representar o esquema de funcionamento intrapsíquico de muitos pacientes por esta cena concreta: pelo estilo de sua relação ego-*self*, posso deduzir, fantasiar e reconstruir de maneira muitas vezes útil e eficaz os pacientes como percebidos ou não, tratados ou não de modo adequado às suas experiências pré-verbais, compreendidos ou rejeitados em seu ser, narcisisticamente reconhecidos e investidos ou ignorados e desvalorizados pelo objeto primário.

O trabalho de reatualização e de recriação dessa cena inconsciente fundamental na situação analítica é experimentado de maneira intersubjetiva e interpessoal por ambos os participantes, analista e paciente, pelo menos parcialmente de acordo com a modalidade *malgré soi*: ou seja, o modo não intencional, não programável, frequentemente desagradável e também frequentemente não analisável no momento, mas somente ao longo do caminho e *a posteriori*.

Essa desagradável realidade, entre outras coisas, redimensiona inexoravelmente os ingênuos ideais onipotentes de um ego analítico capaz de monitorar e interpretar naquele instante tudo aquilo que encontra; em contrapartida, é garantia de um possível contato autêntico com o inconsciente, como muitas vezes demonstrado por Ted Jacobs (1986) em seus estudos sobre o *enactment*. Trata-se de um percurso que busquei tornar ainda mais visível e explícito em *Passagens secretas* (2008a).

Uma das principais vias (agora sabemos que há muito mais do que uma) para reconduzir o ego próprio e o do paciente à refamiliarização com a zona experiencial do *self* passa também pelo reconhecimento dos *equivalentes psíquicos e relacionais – portanto, intra- e interpsíquicos – das trocas corporais entre pais e filhos* durante as fases de desenvolvimento e de crescimento.

A simples descrição das funções de contenção, de *holding*, de espelhamento, de incorporação/interiorização/introjeção, de ataque oral/uretral/anal, de retenção, de contato, de separação e distanciamento etc. não pode ser verdadeiramente compreendida e utilizada *se o analista não conservar um engate experiencial e sensorial com as ações biológicas primárias* das quais esses conceitos derivam e às quais equivalem.

Um uso exclusivamente abstrato, engenheirístico, protocolar e não integrado desses conceitos não leva a lugar nenhum, tornando-se mero sermão vazio. E a própria teoria, nos casos extremos que chegam a tangenciar a dissociação no interior do terapeuta, pode se converter antes em fetiche que em instrumento eficaz.

O analista deve estar em condições de pelo menos oscilar um pouco entre a própria infância, a própria juventude e a própria maturidade, com recordações e sensações a fim de aproximar-se da experiência do paciente, pois "só quem prova pode entender" (Dante, *Vida nova*); e deve ao mesmo tempo imaginar qual é o comportamento do ego/mãe interno do paciente em relação aos níveis experienciais pré-lógicos.

O critério de fundo é que cada indivíduo se trata, na intimidade consigo mesmo, mais ou menos como foi tratado *ab initio* por qualquer outro, por um *outro* significativo e organizante.

Esse modo de ser tratado pode ser encontrado condensado no intrapsíquico e – fragmentado e na modalidade interpessoal – na transferência.

O analista contemporâneo, pupilo de muitos grandes autores do século passado e irmão dos pesquisadores atuais, se pergunta *o que o paciente "está fazendo", o que o analista está fazendo, o que os dois estão fazendo* naquele preciso momento em que se tem a impressão de que *não estão fazendo nada*: estão parados, apenas falando.

No entanto, fantasmaticamente, *estão fazendo alguma coisa* (ver Greenberg, 2012).

Em relação ao passado, me parece que somos menos propensos a denunciar as parcelas energéticas da ação durante a sessão (operação que tem também um forte sentido metapsicológico) como perigosos subterfúgios para além do representável e do concebível, e que estamos mais interessados em *compreender o sentido dos equivalentes da ação*: as palavras, ante a ausência de qualquer movimento muscular aparente, podem conter, veicular e, em alguns casos, inclusive representar a ação em estado puro.

O velho ditado "mata-nos antes a língua que a espada[1]" condensa magnificamente essa realidade (nesse caso, uma realidade agressiva); mas, como todos sabem, outras operações intersubjetivas, como a sedução ou a tranquilização, podem ser desenvolvidas com *palavras que são ações*, por seu sentido, pela atmosfera relacional que estabelecem, por sua capacidade de compartilhamento ou não, e assim por diante.

Em outros casos, a ação representada e experimentada pelas palavras não é agressiva, mas nutritiva e geradora; em suma, as palavras, o modo de transmiti-las, contêm e configuram interações; elas podem ser frias ou calorosas, carinhosas ou ríspidas; produzem efeitos físicos e induzem, consequentemente, ao avanço ou ao recuo; e assim por diante. Em alguns casos, isso é patente e manifesto, em outros não.

Deve-se dispensar um cuidado especial ao trabalho de compreensão dos *equivalentes incompreendidos*: aqueles sinais clínicos de sofrimento que indicam também necessidades naturais, jamais consideradas como tais pelos outros e pelo próprio ego do paciente,

---

1 No original: *ne uccide più la lingua che la spada.*

e que almejam ser toleravelmente *compreendidas* (no sentido de serem consideradas internamente suportáveis e fruíveis) no *self*.

Muitas situações clinicamente extraordinárias de angústia ou de fúria podem equivaler a *cólicas de órgãos ocos em tensão obstrutiva* e demandam um *trabalho de detenção e de recanalização das vias de defluxo dos conteúdos acumulados*; proponho que imaginem essas configurações fisiopatológicas assumidas no sentido dos equivalentes psíquicos, tanto intra- quanto intersubjetivos.

Nessas e em muitas outras situações de sofrimento do *self* o funcionamento do ego é alterado com bastante frequência: regredido, intoxicado, projetivamente distorcendo a realidade, ofuscado e desprovido de esperança, persecutoriamente assediado etc.

Na maioria das vezes, evidenciar essa condição ao paciente de nada adianta, antes lhe imputa um ônus complementar de inadequação ao sentido que tem de si.

Convém, via de regra, trabalhar em outro nível, ou seja, aquele das condições do seu *self*.

O conceito de "nutrição placentar"

Alguns pacientes graves experimentam uma relação objetal de base a partir de seu primeiro *intake* com a mãe: instaura-se assim uma *relação polêmica com o objeto*.

Enquadram-se nesse caso todos aqueles que não suportam receber absolutamente nada do analista. O equivalente corporal disso é a recusa a aferrar-se ao seio e a necessidade de negar qualquer dependência nutritiva em relação ao objeto. Essa recusa leva as pessoas a uma condição de renitente *anorexia relacional* e, consequentemente, de *caquexia libidinal-emocional*, que submete o *self* ao sofrimento e implica a impossibilidade, por parte do analista, de nutrir psiquicamente o paciente pelas vias habituais.

A nutrição analítica, nesse caso, ocorre por meio de equivalentes parenterais, literalmente *não orais*: uma nutrição contentivo-placentar que não convoca nem a boca nem os olhos do lactente/paciente.

Os elementos dessa modalidade nutritiva são: *a presença constante do objeto; o* setting; *a escuta; os dispositivos básicos de sinalização de presença e de correspiração* (como o "humm" e o "ou seja?" e os demais procedimentos técnicos que contatam o paciente de forma pré-sujeital e que propõem o analista como interlocutor pré-objetal); *a função contentivo-receptiva "côncava"*, contraposta àquela "convexa" de quem emite algo.

Adentra-se assim em uma particular e muito sensível forma de cooperação analítica, descrita por Gaddini (1982) como *aliança terapêutica clandestina*, que de algum modo dribla o controle e a oposição de fundo do narcisismo e da transferência negativa do paciente.

O caso de Álvaro

Álvaro me procurou há dezesseis anos. Tratava-se claramente de um jovem perturbadíssimo, de vinte e quatro anos, desconfiado e relutante, pouco contente em me encontrar depois de ter sido enviado por um colega meu, velho amigo de seus pais.

Por esse colega eu soube que Álvaro recentemente havia sido internado por algumas semanas numa clínica psiquiátrica privada em razão de angústias persecutórias, numa atmosfera de iminente *breakdown*.

Desde o primeiro encontro, Álvaro revelou sua organização paranoica, dizendo que meu consultório era muito perto da casa de um companheiro de escola com o qual havia brigado no passado, e que certamente faria gozações se o visse entrando no consultório de um analista.

Contudo, ao fim ele me pareceu parcialmente disposto a colaborar comigo e, após alguma hesitação, com poucas palavras me disse que seu pai, um respeitado cientista universitário, havia falecido quando ele tinha doze anos; e que sua mãe estava muito mais "estupidamente" obcecada em colecionar objetos de antiquário do que em bancar as viagens que ele gostaria de fazer (ou seja, me fez pensar, dentre outras equivalências, em uma possível representação do analista como um entediante "antiquário", mais interessado na busca de recordações do passado do que em seus desejos atuais e suas perspectivas futuras).

Álvaro havia tentado sem sucesso cursar engenharia na universidade, mas trancara precocemente o curso após algumas desagradáveis rusgas com alguns professores "idiotas" (uma vez mais!), que não souberam dar valor a suas capacidades; em seguida, me contou de sua fracassada terapia anterior, realizada durante quatro anos em três sessões semanais com o dr. S, um renomado, cultíssimo e superinteligente colega que estimo muito, o que me deixou muito surpreso.

Ao fim da conversa, ele aceitou fazer sessões semanais por um período experimental, pois queria verificar se seria possível trabalharmos juntos; essa também poderia ter sido minha intenção, mas era evidente que era ele que queria estar no papel de decidir e controlar a situação; e foi esse tipo de relação inicial que se consolidou durante os três ou quatro anos seguintes.

Álvaro costumava entrar e começar a sessão fazendo observações precisas sobre alguns detalhes da sala de análise; muitas vezes ele evocava algo proferido na sessão anterior ou alguma palavra em específico que eu utilizara com ele, e usava esses materiais para tecer longos comentários.

Suas observações minuciosas me entediavam profundamente, mas, num segundo momento, me impeliram a fazer observações pontuais muito semelhantes às suas, contra-atacando como se estivéssemos numa disputa, competindo para ver quem de nós era mais inteligente e perspicaz.

Sem relacionar isso com nossa disputa, ele revelou como seu ex-analista, o estimado dr. S, costumava competir com ele da mesma maneira, numa espécie de duelo interminável de inteligência, a ponto de Álvaro se sentir bastante irritado; de fato, pude reconhecer o estilo do dr. S em algumas expressões verbais de Álvaro, mas, inesperadamente, também em algumas expressões minhas que, naquele momento, me pareciam de fato inusuais!

Eu estava literalmente *me tornando* o dr. S, que, por sua vez – para além de algumas características pessoais e de seu estilo comunicativo –, no tratamento anterior, havia herdado o papel, o estilo e as características relacionais do pai de Álvaro.

No decorrer de nosso *enactment*, Álvaro me falou incidentalmente, sem qualquer conexão consciente, do hábito que seu pai tinha de conversar com ele de maneira um tanto acadêmica e de lhe conceder algumas audiências em seu escritório, após o jantar, para ler e comentar a *Divina comédia*. Seu pai tinha uma rara e preciosa edição, uma cópia numerada da famosa *Divina comédia* ilustrada por Doré com esplêndidas imagens, e pretendia compartilhar com ele toda noite uma solene leitura de excertos daquela obra-prima; algo a que Álvaro se opunha completamente.

Após algumas semanas, me dei conta da nossa obstinada repetição e do *enactment* em curso, o que me permitiu mudar completamente a abordagem técnica.

Passei, assim, a dar bastante espaço a seus discursos sem competir com ele e sem proceder a qualquer tipo de interpretação, até mesmo porque, sempre que eu tentara algo nesse sentido (por exemplo, conectando esses eventos das sessões com a sua relação com o pai), ele reagira muito mal, *cuspindo fora* minhas palavras.

Contudo, pude notar que minhas intervenções haviam sido rejeitadas mais pela minha postura ativa que pelo conteúdo delas.

Naquele momento, ele não estava minimamente disposto a receber absolutamente nada de uma postura ativa de minha parte; eu deveria manter apenas para mim aquela admirável *Divina comédia* de Doré/competência analítica e me restringir à escuta, como alguém que tinha muito a dizer, mas que tinha, sobretudo, necessidade de falar.

Traduzindo esse material em termos de equivalentes corporais e relacionais, parecia que Álvaro não estava em condições de tolerar a presença, a riqueza e a atividade de outro objeto separado (ou de parte dele, como um mamilo, ou um pênis, a diferença aqui não parecia essencial); por ora ele tinha necessidade das sessões, mas *a nutrição deveria ocorrer mediante a via placentar, em uma condição fusional pré-sujeitual*; e era ele quem deveria falar.

Três anos depois, ele acatou minha proposta de aumentar a frequência das sessões; eu havia conservado uma inspiração extemporânea lhe propondo uma alteração de maneira respeitosa, mas também facilitante.

Pareceu importante, para mim, apresentar a proposta mais como uma oportunidade de mais tempo de escuta que como uma sugestão técnica/médica.

Cinco anos depois, ele me deu uma (rara) notícia sobre sua vida externa à terapia: havia conseguido um trabalho bastante satisfatório como técnico de informática em uma empresa com muitos funcionários.

Esse foi um fato notável, que me surpreendeu, dada a sua intolerância a qualquer espécie de cooperação; muito em breve ele teria alguns atritos aqui e acolá com alguns de seus colegas, sob o risco de perder tanto seu emprego quanto seu equilíbrio interno; esses *relatos* se seguiram indefinidamente, sem qualquer possibilidade de intervenção, conexão, interpretação ou mero comentário de minha parte. Não obstante, as coisas correram de maneira progressivamente fruível, dentro e fora das sessões.

Certo dia ele me levou uma famosa e interessante imagem: Snoopy, deitado no telhado de sua casa (como Álvaro reclinado no divã desde o início do tratamento), enquanto dizia algo com ar de grande apreço a si mesmo e aos quadros de Picasso, Renoir e Van Gogh que ele mantinha em sua casa.

Aquele foi um momento marcante, uma vez que ambos nos divertimos com aquela associação, com ele fazendo referência a si próprio com um certo humor, algo que anunciava uma alteração tanto na sua representação de si mesmo quanto na nossa relação, compartilhando algo conscientemente interpsíquico acerca daquele progresso.

Ao mesmo tempo, ele subitamente me interrompeu quando esbocei uma tentativa de formalizar oficialmente aquela mudança, dando destaque ao significado e à função transferenciais daquela associação.

Eu deveria simplesmente acolher e monitorar silenciosamente aquelas passagens (Bolognini, 2008a), incluindo a consciência interpsíquica compartilhada e abstendo-me de observações explícitas.

Eu podia trabalhar com ele interpsiquicamente, não intersubjetivamente nem interpessoalmente.

Ou seja, eu podia nutri-lo, embora não compartilhássemos conscientemente os comentários subjetivos sobre sua experiência relacional comigo, tampouco as referências pessoais oficiais que colocavam em xeque nossas identidades bem demarcadas.

Sigo trabalhando com Álvaro, na mesma frequência, após dezessete anos. Seu estilo não mudou muito desde o início: ele fala, relata sobretudo os episódios vividos no trabalho, ao passo que agora estou autorizado a intervir, desde que o faça de maneira comedida e com uma abordagem delicada, compartilhando – com muita cautela – inclusive alguns comentários subjetivos. Estou autorizado a fazer isso agora porque, durante anos, falei pouco, fui cauteloso e agi sempre com moderação.

Além disso, minha ressonância interna com ele e minhas experiências na sessão mudaram muito ao longo dos anos, e é justamente isso que me parece hoje o dado mais relevante: agora o acolho com prazer e não me sinto entediado, e sim realmente interessado em sua vida e no que pensa.

Ele cresceu sob diversos aspectos, hoje é um técnico muito respeitado e conduz seu trabalho com mais calma e eficiência; conheço bem pouco das outras esferas de sua vida, mas é evidente que de modo geral ele evoluiu muito.

Ademais, percebo com clareza a profunda satisfação que ele prova em nossas sessões, inclusive quando o conteúdo de seus relatos e associações preserva um fundo de negatividade: a impressão que tenho é que ele está cada vez mais em *condições de existir* e que consegue coabitar psiquicamente comigo durante o nosso trabalho.

Há pouco tempo surgiu a hipótese de aumentar posteriormente a frequência das sessões, em evidente paralelo a uma situação equivalente no âmbito profissional (a oferta de elevar a frequência de sua colaboração no trabalho com um certo colega, o que ainda lhe suscita alguma perplexidade): estamos estudando essa possibilidade, o que já é em si um fato muito significativo.

Estou consciente do fato de que se poderia dizer, tal como se dá em muitos casos semelhantes: "Mas como assim!?… Isso não é uma análise!".

Como – segundo penso – muitos outros colegas, eu responderia: "Você pode ter razão. Mas não estou completamente certo de que não seja".

Algo de que estou bastante certo é que nossa relação apresenta uma lenta transformação do objeto, do *self* e da relação objetal, gradualmente constatada e que ainda hoje se produz. Uma recuperação e um *work in progress*.

Creio que o "Snoopy" ainda esteja em crescimento e que talvez não tenha mais tanta necessidade dos quadros de Picasso, Renoir e Van Gogh ou de outros grandiosos objetos-*self*, uma vez que hoje ele se sente menos insignificante e menos desprovido de valor.

Por um longo período abri mão de minha *Divina comédia* analítica, algo que foi absolutamente conveniente para ambos; agora *coabitamos psiquicamente* nossas sessões de uma maneira muito mais proveitosa, mesmo que eu ainda tenha de agir perante ele com alguma precaução e algum comedimento que não tenho com outros pacientes.

Em alguns casos, essa estratégia de longo prazo implica uma inevitável fase de tratamento das necessidades primárias do ser humano que não foram devidamente reconhecidas, quando a persistente fragilidade e a reatividade residual do indivíduo impedem-no de aceitar uma nutrição analítica interpessoal direta; enquanto não chegar o momento para o mamilo e seus equivalentes relacionais, haverá ainda a necessidade de um útero contentivo, e *o processo nutritivo deve ele também desenvolver-se interpsiquicamente passando por um equivalente da placenta.*

No âmbito da teoria técnica, esse processo levanta importantes questões (mais precisamente em relação a casos específicos *a priori* muito graves): por exemplo, o risco de uma ênfase e uma insistência talvez excessivas, atualmente, baseadas apenas em técnicas que propõem uma contenção ativamente criativa: a função de *rêverie*, em muitos casos tão cara e enriquecedora, pode ser inviável em outros sempre que aquele nível funcional ainda estiver inacessível.

Devemos a Fred Busch (2019) o estudo mais recente, sóbrio e perspicaz sobre esse importantíssimo conceito que, compreensivelmente, foi responsável por uma certa fixação de muitos analistas na virada do século XXI.

Aliás, forçar um diálogo estilo-*rêverie* quando ele é ainda impossível equivaleria a esperar que um ovo se nutra de insetos e minhocas ao lado de sua mãe galinha, enquanto o embrião tem ainda necessidade de crescer e é justamente a casca do ovo, antes de mais nada, a responsável por protegê-lo para que ele possa eclodir.

Um velho ditado popular adverte: "Se um ovo é quebrado por fora, uma vida fenece. Se é quebrado por dentro, uma vida floresce".

Além do mais, há um perigo na proposição muito precoce de um diálogo-*rêverie*: ou seja, estimular no paciente uma inveja natural do analista caso o paciente não seja capaz de acompanhá-lo no nível pré-separativo e pré-sujeitual de funcionamento.

Seria mais ou menos como um convite precipitado e humilhante para nadar destinado a alguém que ainda não somente não sabe nadar, mas também é incapaz de aprender a nadar por causa de sérios impedimentos.

Às vezes, o desenvolvimento da função de *rêverie* constitui uma meta a ser atingida somente após um longo trabalho, e o analista deveria, portanto, avaliar atentamente a condição e a capacidade de seu paciente de trabalhar conjuntamente naquele nível.

Sobre a aparente ausência de sentido em tratamentos de patologias graves

Voltemos agora aos tormentosos cenários das guerras medievais, equivalentes, em certos aspectos, às atmosferas dramáticas da patologia grave que desafiam frontalmente a função interpretativa/transformadora: lá onde frequentemente parece não haver pensamento e onde até mesmo a representação verbal é integral e traumaticamente substituída pelo vivido.

Durante a baixa Idade Média, o mundo ocidental conhecido até então se dividia em duas grandes realidades político-militares que travavam um conflito perene entre si: o papado romano e o Império Germânico. Na península italiana, o primeiro era apoiado pelo partido dos guelfos e o segundo pelos gibelinos; àquela época, a fronteira político-militar que dividia as duas potências estava entre as cidades de Bolonha e Modena.

Isso posto, na interminável guerra entre bolonheses (guelfos) e modenenses (gibelinos), dois episódios cruentos, ocorridos com uma diferença de poucos dias, poderiam hoje captar facilmente nossa atenção não apenas por sua grosseira brutalidade, mas também pela aparente ausência de sentido.

Estamos em 1325: os bolonheses, sitiando um castelo modenense, atiram nele um asno vivo, projetando-o por sobre os muros com uma catapulta, ação sucedida de gritos zombeteiros e depreciativos.

Dias depois, os modenenses – que, com o apoio militar do imperador, investem contra os inimigos e os derrotam em numa batalha sanguinolenta – invadem Bolonha pela Porta San Felice, massacrando os soldados sentinelas, e, mediante uma manobra espetacular, roubam o famoso balde de madeira presente no poço instalado dentro da cidade murada (a "Secchia Rapita", objeto do célebre poema homônimo de Alessandro Tassoni, publicado em Paris em 1622 e em edição definitiva na cidade de Veneza, em 1630), revidando o golpe que sofreram dias antes na mesma moeda, ou seja, com gritos zombeteiros.

À primeira vista, esses eventos parecem envolver difíceis trocas de elementos-beta desprovidos de sentido; mas no fundo não é bem assim.

Com o arremesso do asno (desde sempre um símbolo de escassa inteligência e evocado como apelido ofensivo aos estudantes com baixo rendimento escolar) para além dos muros dos odiados modenenses, os bolonheses, orgulhosos por viverem na cidade pioneira dos estudos universitários, feriram implicitamente o orgulho de Modena zombando de sua rudeza e de sua inferioridade cultural: "Peguem de volta o burro que existe dentro de vocês e espelhem-se nele!".

Como revide, não por acaso, os modenenses – os únicos do período medieval italiano que sabiam projetar e construir poços artesianos com grande sofisticação – instintivamente optaram por um reles balde, simples, todavia útil para relembrar os também odiados bolonheses de sua superioridade tecnológica e a inquestionável dependência que as demais cidades tinham de sua especialidade (muito provavelmente, em tempos de paz, os próprios técnicos e mestres modenenses tenham escavado e construído aquele poço).

Os recíprocos e traumáticos deboches oriundos dessas incursões violentas tinham, portanto, um sentido muito mais profundo do que aparentavam a um primeiro olhar, um sentido hipercondensado e *objetal*.

Os objetos concretos e os atos violentos substituíam as palavras: mas parece que os litigantes, nesse caso, entendiam-se muito bem, uma vez observados os elementos infligidos transpsiquicamente, concebidos antes com veemência que com premeditação *à luz do ego*, longe de terem sido minuciosamente arquitetados; não obstante, transmitiam significados simbólicos implícitos, ocultos e profundos.

Quanto à dosagem entre o abstrato e o concreto na comunicação humana, associo aqui, tangencialmente, a recordação de uma simpática paciente minha, que, tendo resolvido um problema de relacionamento com o namorado de maneira rápida, pragmática e, todavia, eficaz (ganhara um anel de brilhantes como sinal de compromisso), comentou depois na sessão, rindo com alguma ironia a meu respeito: "Caro doutor, sim, em algumas situações é bom 'simbolizar'... mas de maneira concreta!").

A Idade Média são águas passadas, dirão alguns.

Certo. Mas a natureza humana tampouco mudou muito desde então, a despeito de suas ideologias de fachada.

Uma vez um paciente *borderline* se enfureceu durante uma sessão, levantou a voz e me dirigiu uma ofensa com perceptível ódio; palavras, sim, mas de fato uma ação, devida ao explosivo impacto sensorial e emocional suscitado em mim, que não podia me ver como um simples espectador de tudo aquilo.

Aquilo foi um grito, um golpe, uma percussão transpsíquica, e não uma troca interpsíquica: de fato, um verdadeiro "*agieren*"!

O primeiro problema com esse paciente consistia justamente na contenção das tensões estancadas até então e de súbito lançadas com ímpeto destruidor.

Contudo, num segundo momento, uma vez decantada aquela explosão, pudemos gradualmente superar o ocorrido, elaborá-lo e analisar precisamente a fantasia subentendida daquela ofensa: houve de fato uma grande diferença fantasmática – e, portanto, de conexões e de sentido – em lançá-la ao analista atacando, respectivamente, Deus ou Nossa Senhora; não se ofende assim ao acaso uma figura ou outra, e o quadro transferencial pôde ser proveitosamente esclarecido por meio de progressivas conexões com aquele ícone vituperado (no caso, a Nossa Senhora) e com nossos eventos relacionais (no caso, ligados a uma certa separação entre nós).

Além disso, nos traumatismos relacionais, a escolha da arma não é quase nunca acidental.

O inconsciente manifesto apresentado com a ação pode encontrar na revisitação e na reflexão psicanalíticas em *après-coup* a compreensão de um sentido frequentemente hipercondensado; pode se produzir fragmentado, desestruturado, associado a outro, recomposto numa nova configuração; e, assim, pode ir de encontro a transformações outrora absolutamente inconcebíveis.

Pode produzir-se de maneira elaborada, criando significados, espaço interno, relação e capacidade de pensar.

O conceito de "cova regressiva"

Esse conceito empírico me foi e ainda é extremamente útil na apreciação e no tratamento dos estados regressivos maciços que alteram drasticamente o rendimento funcional do ego de muitos pacientes em situação pós-traumática.

O único aspecto aparentemente paradoxal é que, *ao comunicar ao paciente a constatação de que ele se encontra em uma cova regressiva* e que, consequentemente, é normal e muitas vezes inevitável que ele o sinta de algum modo, *faremos um trabalho no nível do ego* (trabalho informativo, descritivo, explicativo) *para curar um estado do* self.

Comparo esse trabalho a olharmos juntos um mapa e estabelecermos o ponto preciso em que nos encontramos: isso não nos distancia de nossa situação exata, mas tem o efeito fundamental de orientar, de situar, de dar um lugar e um sentido à experiência desordenada do paciente; algo que, em última instância, o acalma pelo menos um pouco e lhe restitui a esperança de poder mudar sua situação.

Há alguns anos, um grande amigo me relatou uma experiência surreal e extremamente perigosa protagonizada por ele mesmo: vagando pelos campos, numa área afastada da cidade, deparou~se com uma choupana abandonada que abrigava um poço já em ruínas, e por ter se inclinado a fim de explorá-lo, inadvertidamente acabou caindo dentro dele.

O poço era fundo e estava cheio d'água.

Tentando se manter com a cabeça emersa, começou a gritar desesperadamente para que alguém viesse acudi-lo, mas levou considerável tempo até que alguém passasse pelas imediações e se aproximasse do poço.

Nesse intervalo, sua esperança havia sido submetida a duras provas.

A experiência de ser acudido em uma situação de extrema necessidade, uma vez em contato com a pessoa que o notara, embora insuficiente naquele preciso instante para resolver concretamente o problema, foi, no entanto, redentora, capaz de conter sua angústia, e, quando os socorristas chegaram e concluíram exitosamente o trabalho de resgate, seu destino felizmente estava a salvo.

Essa história (real) me tocou profundamente naquele momento, e me serve ainda hoje como metáfora; consiste em um instrumento técnico que opero atualmente com grande naturalidade e convicção com alguns pacientes e que me permite sustentar uma representação potente de trabalho inclusive no nível do ego ("Eu o vi; irei ajudá-lo; você não está mais sozinho; juntos vamos trabalhar para tirar você daí"), sendo de grande ajuda para melhorar o estado do *self* do próprio paciente ("Reencontrei a esperança; estou mais tranquilo; farei o possível para deixar que você me ajude") e, não obstante, para ajudá-lo nas sessões.

Tirei muitas pessoas do fundo do poço, tanto por ter proporcionado os primeiros socorros preparatórios quanto por conferir um sentido a sua experiência subjetiva mais premente por meio da administração dessa metáfora, que equivalia, naquele momento, à própria corda lançada em ajuda lá do alto, pela embocadura do poço, e que as ajudava também a serem de fato *pacientes* na acepção mais ampla do termo e a darem o devido tempo para que os socorristas técnicos/a terapia funcionassem verdadeiramente.

As angústias primárias e os estados do self

Os quadros clínicos mais dramáticos dos *séculos das trevas* não são aqueles povoados pelas turbas de facínoras e zombeteiros, tampouco aqueles assolados por massacres, assaltos e emboscadas, e sim aqueles nos quais a natureza torna-se inimiga: lá onde a carência sensorial e afetiva, na relação primária com um *self* materno árido ou relutante, ameaça a vida incipiente do bebê, e de onde advêm as consequências na qualidade de sua existência posterior e na feição das reatualizações transferenciais tanto nas situações da vida quanto na análise.

Estepes congeladas ou desoladas, infinitas clareiras absolutamente ermas, populações dizimadas pela peste, campos devorados por gafanhotos, longas estiagens e chuvas de granizo, carestias e devastações bélicas podem muito bem representar cenograficamente as condições subjetivas de solidão extrema, privada do contato e do apoio, na qual a sobrevivência é mínima e circunstancial; o mero fato de proporcionar aos pacientes uma representação (nos sonhos, nas associações ou tão somente nas imagens suscitadas – por outorga funcional por meio da identificação projetiva – na mente do analista) constitui por si só um formidável progresso.

Nisso os psicanalistas se distinguem radicalmente de outros terapeutas e das pessoas de um modo geral: para um analista, a capacidade do paciente de dar forma, durante a análise, aos cenários mais calamitosos já é em si um grande avanço em relação à ausência de pensamentos e representações; portanto, sabemos fazer com que eles deem um passo significativo no tratamento em curso (me vem à mente, para permanecer na ambientação medieval, a avaliação positiva dada pelos cirurgiões daquele tempo a respeito do *pus bonum et laudabile*,[2] reconhecido por eles como um primeiro indício de convalescência ante a excreção de um abcesso ou uma evolução qualitativa de secreção pulmonar).

Na mesma situação em que um neuropsiquiatra estancaria sem titubear as inquietações do paciente ministrando-lhe um fármaco, antes mesmo que as manifestações de sofrimento e de mau funcionamento do paciente de fato emergissem, o analista, por sua vez, submeteria seu paciente a um trabalho receptivo-transformacional, acolhendo, contendo, explorando, compartilhando,

2 Secreção benigna e desejável.

associando e ao mesmo tempo dando um sentido e uma perspectiva aos conteúdos mais perturbadores.

É precisamente por essa razão que nosso trabalho não deixa de parecer paradoxal aos demais, também por essa leitura distinta do significado de um processo terapêutico.

No rol dos cenários internos que podem se tornar interpsíquicos, eu incluiria também aquele da *travessia de regiões desérticas*, como ocorre quando a análise se defronta com territórios desprovidos de áreas do *self* que demandam um compartilhamento da experiência, de modo que elas sejam não somente representadas, mas também restituídas e fertilizadas (Bolognini, 2008a).

A imagem do Saara, outrora celeiro da humanidade e hoje desoladamente estéril, pode voltar em certas alegorias oníricas, mas também em alguns cenários da análise crivados de desespero e em cujo solo *há anos não chove absolutamente nada de emotivo* devido ao clima de extenuante *aridez interna* compartilhada.

Raros oásis ocasionais permitem uma sobrevivência atrofiada dos resquícios do *self*: uma lágrima conflitante gerada por um contato, um sorriso vez ou outra roubado, um esporádico comentário subjetivo, um lampejo de afeto, suficientes para que ele não feneça.

O analista, ressequido, privado e emocionalmente não menos sedento que o paciente, quando envolto em uma necessária contratransferência anuente, converte-se então num explorador/coexperimentador, para oferecer uma substancial contrapartida ao fato de que o objeto primário *não esteve ali* quando precisava estar.

Em particular, alguns psicanalistas se dedicaram à descrição dessas infelizes condições.

René Spitz (1965) apresentou sequências impressionantes de severo sofrimento neonatal e infantil devido à privação do objeto:

das comuns reações de choro e raiva, passando pelo alheamento indiferente e pela depressão até chegar na caquexia irreversível.

Anne Alvarez (2017) examinou e tratou os estados vazios privados de paixão em alguns pacientes que pareciam antes perdidos que escondidos, demasiadamente ensimesmados, apresentando a seguinte questão: existe alguma diferença entre o desligamento defensivo e a rendição desesperada? Esses pacientes se insurgem contra os vínculos ou possuem vínculos mal estabelecidos?

Alvarez distingue claramente esses quadros clínicos das formas de desligamento autista (Tustin, 1981) ou dos "refúgios da mente" descritos por John Steiner (1993) no livro homônimo; acompanhada de vastas considerações de caráter genético, a autora evidencia a importância da negligência relacional e da falta de vitalidade de alguns objetos internos. As crianças necessariamente estabilizam estados cronicamente privados do *self* (*estados organizados* de Sander, 1975), que, segundo Negri (1994), começam a se estruturar já a partir da quadragésima segunda semana nos bebês prematuros, uma vez atingida a homeostase.

A consequência básica consiste na necessidade de provar, e provar juntos, não somente para entender verdadeiramente a experiência do outro, mas sobretudo para compartilhar experiencialmente aquilo que nenhum outro jamais compartilhou com o sujeito.

A experiência separativa na análise

Se a clínica psicanalítica explorou à exaustão as experiências profundas dos pacientes por ocasião da *separação nos fins de semana*, não me parece que muito tenha sido escrito sobre um fenômeno bem mais frequente das duas grandes separações clássicas em nosso trabalho durante um tratamento: a suspensão natalina e a das férias de verão.[3]

Penso que esses dois períodos de separação apresentam especificidades e produzem efeitos profundos que, naturalmente, variam de paciente a paciente, mas, via de regra, os irmanam de algum modo. Vejamos.

A *separação natalina* geralmente é mais breve, mas suscita fantasias agudas de exclusão e traição, visto que no período de festas – tradicionalmente dedicadas às reuniões familiares – o analista é imaginado em uma intimidade exultante e exclusiva com seus familiares, numa sucessão de almoços e jantares de elevada significação afetiva que o distraem e o afastam da relação com o paciente.

É como se os pacientes olhassem de fora, como crianças carentes, excluídas, com o nariz colado a uma vidraça, as insuportáveis trocas de presentes e abraços calorosos que se produzem no interior de um aconchegante apartamento habitado pela *entourage* do analista.

Não obstante, uma outra reunião tradicional desse período de festas, o *réveillon*, expõe os pacientes a uma potencial e grave frustração: em vez de estar na sessão com eles, o analista irá conviver, na circunstância, com outra categoria de odiosos *competitors*, ou seja, seu ambiente social e seus amigos pessoais, com os quais certamente provará grande satisfação nas festividades de Ano Novo regadas a dança, champanhe e momentos de autêntica alegria; isso inflige um golpe de misericórdia no paciente em franca regressão transferencial, que estará propenso a se autorrepresentar sob efeito dessas fantasias, como a pequena vendedora de fósforos no célebre conto de Andersen.

3 Considerando a realidade italiana, em que a pausa para o Natal e as férias de verão não coincidem. [N.E.]

Comparo a suspensão natalina da análise a uma espécie de precipício abissal, que, embora mais estreito (porque mais curto que as férias de verão), apresenta um elevado potencial de queda regressiva caso o paciente não disponha de meios próprios para lidar com essas fantasias.

Por outro lado, a separação de verão – normalmente de um mês, mas em alguns casos mais – é vivida num nível profundo, como uma interminável travessia no deserto: nela a experiência subjetiva do *self* do paciente não é nem mesmo caracterizada pelo ciúme ou pela inveja motivados pela triangulação edípica ou por demais situações que coloquem o analista como um objeto em disputa; o problema principal é sobreviver *tout court* e chegar ao outro lado do deserto ou do oceano, ou seja, à retomada das sessões após o verão, sem acusar um excessivo esvaziamento depressivo e sem se desvitalizar ante a ausência do objeto.

No decorrer de uma separação tão longa, a regressão geralmente sugere uma angústia primária mais pertinente à dimensão diádica arcaica.

Não obstante, antes e depois de ambas as separações, os analistas experimentam invariavelmente as tensões e os distanciamentos que os pacientes manifestam como resposta a esses eventos, bem como as censuras e as ofensas explícitas ou veladas de que não nos poupam nem mesmo os pacientes mais preparados e bem dispostos; isso se verifica por causa das já mencionadas razões transferenciais, inclusive por aqueles pacientes que dispõem de uma vida social exitosa e de companhias invejáveis que – não raro – lhes proporcionam, de modo geral, uma vivência muito mais rica que aquela do próprio analista.

Contudo, a transferência e a regressão não resguardam ninguém ao longo das diversas fases do tratamento, por isso nunca é demais recapitular essas questões – embora já bem conhecidas

– para que não nos esqueçamos de sua ineludível influência na vida tanto do paciente quanto do analista.

A esta altura me dou conta de ter descrito essas típicas recorrências atinentes à separação na análise de maneira bastante estereotipada, deixando-me levar por certa verve descritiva e um tanto pitoresca, bem como de ter ressaltado seus aspectos de sofrimento como se fossem antes inconvenientes colaterais do que passagens cruciais que a análise permite revisitar e recuperar pelo menos parcialmente, tornando-as mais reconhecíveis e fruíveis.

Na verdade, assim como outros colegas, também eu estou profundamente convencido de que, *depois do sonho, da transferência, da contratransferência, do* enactment *e da travessia dos estados do* self (Bolognini, 2002, 2008a), há um evento psíquico e relacional posterior que a psicanálise saberá adotar e *converter de problema intra- e transpsíquico em instrumento interpsíquico*, fornecendo gradualmente uma descrição, um estatuto teórico-clínico e um guia Baedeker[4] técnico para uma reintrojeção mutativa final no intrapsíquico.

Os analistas estão preparados e providos de recursos suficientes para empreender essas travessias.

A experiência ensinou-me que alguns desertos podem se tornar parcialmente férteis: obviamente, é preciso saber verter muitas lágrimas e entrar novamente em contato com a dor, a fim de poder irrigar, recuperar e, eventualmente, reencontrar também um quinhão de alegria.

Nosso ofício requer que se vá sempre além do que o paciente necessita.

---

4 Baedeker foi um livreiro alemão que se notabilizou pela descrição minuciosa dos locais apresentados nas diversas edições de guias turísticos que publicou. Aqui Bolognini usa o termo numa acepção semelhante ao Vade Mecum.

É por isso que digo aos meus alunos que os *elementos concretos de base do* setting *analítico* são *a poltrona, o divã e a caixa de lenços de papel sempre à mão.*

Com quem estou falando!?

Essa célebre pergunta formulada por Paula Heimann (1950), "Quem fala a quem?", permanece como uma das questões mais cruciais e elucidativas em muitos encontros analíticos.

Fato é que não estamos dialogando com o paciente, e sim com seu *posto identificatório avançado*, constituído por um *objeto interno com o qual o paciente se encontra em estado de identificação* (por exemplo, a mãe ou o pai do paciente): essencialmente, trata-se de uma espécie de *avatar* de cuja natureza estão inconscientes as demais partes tanto do paciente, substituídas por ele, quanto de seu interlocutor, que o assume como um autêntico representante da pessoa *in toto*.

Aliás, o termo *avatàr* (do sânscrito *avatara*, incorporado ao francês e ao inglês) possui uma etimologia interessantíssima para nós, psicanalistas: no bramanismo e no hinduísmo, designa a descida de uma divindade à Terra, e, em sentido estrito, cada uma das dez encarnações do deus Vishnu. Por extensão, na acepção literária, significa precisamente a reencarnação de uma figura sacra e seu retorno, ou uma *transformação de uma pessoa em outra*. Atualmente o termo se popularizou nos jogos virtuais, designando um personagem que assume as mais distintas feições, representando assim o *alter ego* dos jogadores, de modo a servir como seu substituto nas ações do jogo.

O analista experiente sabe o quanto esses postos identificatórios avançados amiúde se interpõem entre o nós e o *self* do paciente, como se um genitor intrusivo respondesse às nossas perguntas no lugar do paciente.

Esse fenômeno me remete a Letícia, uma paciente muito ponderada e simpática com a qual tenho tido alguma dificuldade de me relacionar durante as sessões.

Ela fala de um modo irrepreensível e expressa opiniões sensatas e oportunas, muitas vezes agradáveis e levemente jocosas, com argumentos sempre bem elaborados. Contudo, seu tom de voz ligeiramente gnômico e didático transmite uma leve sensação de inautenticidade; seu discurso parece vir *de cima*. Tenho a recorrente sensação de falar com *alguém*, mas não com ela; talvez com uma mãe inteligente e *democrática*, humana, polida e brilhante, sempre à altura da situação; mas não com ela.

Letícia me descreve alguns comportamentos irritantes dos filhos ou do marido, tratados por ela com inteligente compreensividade e com inegável *humour*. O tom é aquele de "no fim das contas tudo se ajeita", e me sinto inicialmente um pouco frustrado por não entender como ela leva tão bem a situação, dado que não há condições – com base em seu relato – para que tudo se acalme; em seguida experimento uma raiva crescente, subindo de tanto em tanto.

Passo gradualmente a detestar seus filhos ligeiramente afetados e tirânicos e o marido narcisista e presunçoso que, segundo os relatos de Letícia, parece se portar como um cavaleiro medieval, sempre convicto de agir em direito próprio e obtusamente indiferente às necessidades dos outros.

Assim – com um embaraço inicial para os resíduos de um eu ideal, profissional e benevolente –, experimento uma antipatia crescente por aquela mulher sempre sorridente, sábia e isenta de hesitações, que vê e prevê para o bem de todos e repreende com uma ironia calma e espirituosa os abusos cotidianos dos outros a fim de que, mais cedo ou mais tarde, eles renunciem a esses abusos graças a um amadurecimento induzido por meio de sua inteligência e desenvoltura.

Essa mulher e mãe, no início da análise, poderia muito bem ter saído de uma propaganda publicitária pronta para anunciar uma pasta de dentes ou qualquer outro produto relativo ao *wellness*, sempre envolta numa atmosfera inabalável de *fofura*.

Na verdade, Letícia está bastante mal e me disse isso no início do tratamento de maneira um tanto evasiva; mas logo em seguida *aquela outra* se colocou entre nós, ou seja, aquela mulher e mãe maravilhosa que provê a todos e que acabou se tornando seu falso *self*.

A raiva que eu experimento é a dela. Sou o portador temporário e eventual de uma parte autêntica dela.

Ela é, ao menos em parte, substituída por sua mãe. A mãe interna deveria ser progressivamente reconhecida e redimensionada por meio de um trabalho de desidentificação.

Cedo ou tarde Letícia deve encontrar a força e a coragem para entrar em contato com as mais recônditas regiões de seu *self* e, consequentemente, existir e manifestar-se para além dessa admirável e intrusiva mãe.

Nesse caso, *o* self *da paciente foi amplamente substituído por um objeto interno envolvente e parasitário.*

Quais são as consequências dessa organização interna no funcionamento abrangente do ego?

Neste caso em específico não parece haver nenhuma queda de tensão energética, tampouco estados de exaustão (tão comuns e frequentes em pacientes neuróticos clássicos, engajados em manter recalcadas as representações perturbadoras). Letícia parece estar em perfeita forma física e amparada por uma *verve* invejável: uma espécie de fusão interna com o objeto idealizado que lhe fornece energia em dobro.

No momento atual, percebo que a paciente, aparentemente tão razoável, tomou uma série de decisões e iniciativas concretas na vida que parecem muito absurdas e muito pouco afeitas a ela e a sua família.

À medida que as sessões avançam, fica cada vez mais evidente que Letícia se comporta com base na inspiração (na verdade, extremamente infeliz) fornecida pelo objeto interno idealizado: ou seja, aquilo que, no fundo, ela imagina que a teria feito uma *mãe interna maravilhosa*.

Isso está causando muitos problemas em sua realidade externa, que não vou relatar aqui.

O ego de Letícia não foi energeticamente debilitado por esse estado de identificação; ele assumiu uma postura hipócrita em relação a seus habituais padrões funcionais (em outras esferas e circunstâncias menos neuróticas, Letícia é uma mulher muito inteligente e perspicaz), tendo sido orientado a metas que definitivamente não lhe competem.

O primeiro procedimento técnico que adotei nas sessões com Letícia foi levar bastante a sério aquilo que estou provando: ou seja, aquilo que – através de mim – uma parte dela/*não sua mãe* está provando.

Mais do que nunca, lembro-me da lição de Herbert Rosenfeld (1987) sobre mantermo-nos perceptivos durante a sessão àquilo que sentimos *movimentar-se em nós, mas que não é de fato nosso*: elementos não nossos que, não obstante, penetraram áreas experienciais perceptíveis.

Em consequência, durante as sessões, adoto uma postura destoante do entusiasmo, da satisfação prazenteira e do divertimento suscitados pela brilhante atitude humorística da paciente/mãe ideal: *não rio e*, perceptivelmente, *não admiro o objeto encantador* que se instalou em Letícia no lugar do seu *self*.

Minha conduta fria, desencantada, de poucas amizades, busca uma primeira *sensação de descolamento* e *de dúvida* que intuo ser inquietante à paciente, habituada a convidar o outro com grande adesão a uma colusão e a uma confluência certas e imediatas no regime admirativo para o objeto idealizado.

De sessão em sessão, a paciente parece mais perturbada e menos egossintônica: começa a perceber em si as inquietações e dissonâncias; irrompem momentos egodistônicos de irritação em relação ao marido, algumas queixas sobre os filhos começam a ser menos óbvias, menos acolhidas e, sobretudo, menos divertidas.

Chego inclusive a pensar que a análise dessa paciente já não deve soar como algo bom a seus familiares.

Em contrapartida, me parece que sua capacidade de ler a realidade e de se orientar avaliando melhor os prós e os contras de suas decisões está aumentando em proporção inversa a esse *processo de des-identificação*: como se a capacidade de perceber algo que lhe faz bem ou mal, o que está quente ou frio, o que é largo ou estreito etc., estivesse progredindo rumo à recuperação das experiências do seu *self*, demandando-lhe um menor esforço adaptativo em direção ao ideal.

As consequências oriundas de sua capacidade de efetuar um exame da realidade são evidentes, e Letícia começa agora a se defrontar com um obstáculo emotivo inesperado: a dolorosa dificuldade de reconhecer, *a posteriori*, a dimensão onerosa das coisas estúpidas que teve de fazer para se sentir e parecer "maravilhosa".

Considero muito provável que essa mudança progressiva, obtida por meio da gradual des-identificação do objeto idealizado e da reintegração de partes autênticas do *self* de Letícia, proporcione também uma economia energética e de recursos em prol do funcionamento do ego.

Como dizia, essa economia está relacionada ao menor esforço do ego para manter os recalques operando (no caso específico desta paciente, para que ela não sinta e não pense na raiva que nutre, embora, no momento, ela esteja oculta).

No caso em apreciação, não obstante, o aspecto identitário interno talvez seja ainda mais relevante, visto que tem muito mais a ver com os *processos dissociativos e substitutivos de partes do* self, *caso a identificação alienante* (Faimberg, 2005) *com o objeto ideal tenha substituído o* self *da paciente,* e este último tenha sido parcialmente projetado no outro (em mim, na sessão).

O interpessoal (a relação da paciente com a mãe) havia se tornado sólida e constantemente intrapsíquico, com o evidente resultado de assumir uma consistência estrutural e de instaurar em Letícia uma organização neurótica intrapsíquica estável e repetitiva.

Com isso, volto uma vez mais ao aspecto econômico da questão.

Quando um dispositivo de cisão prevalece, o dispêndio energético é menor ou até mesmo ausente, *e o elemento econômico mais importante passa a ser a perda de partes do* self: economicamente, eu o comparo a uma *perda de capital* (Bolognini, 2008a, 2008b), ao passo que no trabalho do recalque há um custo energético semelhante ao pagamento contínuo de um oneroso boleto de vencimento periódico, como o de água, luz e gás.

Um detalhe curioso é que essa paciente, brilhante na vida social e profissional, fez uso massivo e não banal de defesas de tipo muito primitivo, na verdade mais próximas ao polo psicótico que ao neurótico: considerando que seu *self* esteve durante muito tempo substituído por um objeto interno idealizado, não seria um equívoco afirmar que *Letícia esteve, no fim das contas, demasiadamente fora de si.*

Entretanto, sua adaptação social era de fato irrepreensível, quase perfeita, e jamais alguém em sã consciência teria sequer sonhado em considerá-la suscetível a um tratamento psiquiátrico.

9. "*Ubique et semper*": equivalências e consubstancialidades entre passado, presente, futuro temido e futuro potencial na experiência analítica

Neste último capítulo, passo à descrição de um elemento a meu ver característico da *configuração analítica contemporânea, suspensa e flutuante entre diacronia e sincronia*: a capacidade de frequentar de modo fluido e dúctil, alternado e reversível (e, em alguma medida, *com a passagem de ida e volta em aberto*) as várias dimensões do passado e do presente na sessão, bem como da atualidade fora da sessão, do "todas as vezes que...", reiterado em tantas situações da vida e da realidade onírica atemporal profunda, em contato com as diversas opções funcionais do psiquismo do analista e do paciente.

Pretendo, com isso, descrever algo que hoje se tornou proveitosamente muito mais familiar e cotidiano a todos os analistas.

Num segundo momento, procedo à retomada desse aspecto temporal que demanda um nível controlado de regrediência (Botella, Botella, 2001) ao funcionamento mental do analista, com a suspensão parcial e provisória das distinções temporais entre passado, presente e futuro potencial para o registro das *equivalências*, amplamente discutidas nos capítulos anteriores. Mas agora o farei explorando a área conceitual da *consubstancialidade* de muitos conteúdos do inconsciente, ou seja, o nível parcialmente indistinto no qual objetos e situações, embora diferentes em sua realidade externa, compartilham elementos qualitativos percebidos no processo secundário como – de fato – equivalentes.

A regrediência útil para a exploração desses níveis implica certa capacidade de *esvanecimento representacional* por parte do analista na suspensão parcial da distinção das diferenças percebidas entre objetos e situações que, em absoluto, não são as mesmas, mas que, não obstante, são experimentadas internamente, em algum nível, como se realmente fossem.

Ao longo de quase 120 anos de trabalho psicanalítico, o foco da interpretação foi progressiva e alternadamente se deslocando do *alibi et tunc*,[1] que se refere ao passado, ao *hic et nunc*[2] da relação estabelecida durante a sessão; do *dentro* intrapsíquico individual ao vivido interpsíquico experimentado (e parcialmente cocriado) pelo par de trabalho; do mundo *na* sessão ao mundo *da* sessão; pretendo ir até a integração do momento clínico com o fundo fantasmático: ou seja, *do traumático-pontual-histórico (absolutamente aqui e só aqui) ao repetido-eternizado-recorrente no inconsciente* (o *todas as vezes que...*).

Penso que nossa época seja marcada pela integração, e que *também a relação dos psicanalistas com o tempo*, com o presente que revisita o passado e com o passado que se representifica em novos desdobramentos, *esteja mudando em sentido integrativo, e isso não apenas conceitualmente, mas também funcionalmente*, como competência técnica.

1 Alhures e naquele então.

2 Aqui e agora.

Minha intenção, portanto, é integrar a visão do passado e a do presente na experiência subjetiva da psicanálise com a visão do futuro potencial, às vezes entrevisto, imaginado e representado nos sonhos, em certas fantasias antecipatórias, ou simplesmente nas associações: um futuro esperado ou temido que, em determinados momentos, faz parte da vida mental, e do qual possamos ser testemunhas ou – menos frequentemente – cointérpretes na situação analítica, e que se desdobra *ubique et semper*: sempre e em toda parte.

Devemos então lidar, na clínica, com a complexa percepção das estruturas e das dinâmicas internas de cada paciente, daquilo que pode ser representado, compreendido e elaborado nas distintas fases do processo analítico.

Concordo plenamente com Busch quando afirma, com o louvável reconhecimento da complexidade técnica:

> *Minha proposta é que não haja nenhum aqui e agora definido, somente um aqui e agora percorrível. Não há qualquer conteúdo ou dinâmica específica capaz de gozar de primazia em relação aos demais, há apenas aquilo que é saliente e viável no momento clínico. Não há um único caminho no processo curativo da psicanálise. O potencial aqui e agora é múltiplo e mutável. Por vezes nos concentramos numa fantasia inconsciente ou numa defesa, um estado de si ou um estado subjetivo, um conflito tanto dentro quanto fora da transferência. Tudo depende do que é mais relevante no momento clínico. A elaboração do aqui e agora varia de acordo com a capacidade do paciente de manifestar uma percepção pré-consciente. (Busch, 2014, p. 105)*

Complementarmente, eu *faria uma distinção*, na descontinuidade da experiência subjetiva, entre *o que se repete, aquilo que recorre* e *aquilo que se reencontra*.

Naturalmente, na maioria dos casos essa distinção não é clara: há zonas de sobreposição e de confluência entre essas três configurações, e daí advém a necessidade de considerar caso a caso a fim de não incorrer em excessiva categorização.

Mas por que, afinal, é importante fazer essa distinção? Possivelmente para registrar e reconhecer, com a devida cautela, as passagens intermediárias entre o mortal e o vital, entre o imóvel e o evolutivo, entre a doença e a relativa sanidade.

As raízes de nossas experiências mais íntimas estão arraigadas em repetições saudáveis, recorrências reconfortantes e fundamentais, bem como em reencontros responsáveis por reabrir as vias até então bloqueadas.

Tais eventos constituem a base dos sentimentos individuais e coletivos de identidade, de familiaridade e de habitabilidade de nosso mundo interno e externo. Há uma enorme diferença, por exemplo, entre as tradições, com seus respectivos ritos significativos, e a substituição de nossos movimentos psíquicos com estéreis repetições obsessivas destinadas a suprimir pensamentos e sentimentos.

Tratemos de explorar esta complexidade.

A repetição

> *Esta vida, como você agora a vive e já viveu, deverá viver uma vez mais e ainda inúmeras outras vezes; nada haverá de novo nela, mas cada dor e cada prazer, cada*

> *suspiro e pensamento, e tudo o que é inefavelmente grande e pequeno em sua vida terá de lhe suceder novamente, tudo na mesma sequência e ordem – e assim também esta aranha e este luar entre as árvores, e também este instante e eu mesmo. A perene ampulheta do existir será sempre virada novamente – e você com ela, partícula de poeira!*
>
> Friedrich Nietzsche

O estatuto teórico da repetição provou diversas vicissitudes a partir do célebre texto freudiano de 1914. *Recordar, repetir e elaborar* é sem sombra de dúvida uma obra-prima de Freud tanto em seu conteúdo quanto na forma: é um texto essencial, potente, de alta resolução teórica, mas relativamente breve (característica comum a poucos outros textos fundamentais da literatura psicanalítica, como aquele de Rosenfeld [1971] sobre o narcisismo destrutivo).

Seis anos depois, em *Além do princípio do prazer* (1920), Freud questiona o caráter conservador das pulsões e a aparente contradição entre o princípio do prazer e a compulsão à repetição de experiências desagradáveis, o que o leva a dar um passo à frente, postulando uma necessidade de repetição conexa ao elemento *demoníaco* (termo repetido quatro vezes no texto) da pulsão de morte.

A existência da pulsão de morte e sua conexão ou não com o princípio do prazer serão temas extremamente controversos no campo teórico, sobretudo após o posicionamento radical e cristalino exposto em 1938 em seu *Compêndio de psicanálise*: um Freud doente e próximo da morte, certamente condicionado à perspectiva teórica do estado de seu *self*, mas ainda maravilhosamente lúcido na exposição argumentativa de seu ego de trabalho.

Logo em seguida, haverá diversas tentativas de distinguir a repetição relativamente saudável (a serviço das possibilidades de elaboração do ego, como os *mecanismos de anulação* descritos por Bibring em 1943) da *compulsão à repetição* em sua dimensão mais mortal; até o elucidativo abatimento das perspectivas proposto por Daniel Lagache (1951, 1953), que substitui o conceito de *repetição da necessidade* por aquele originário, ou seja, o de *necessidade de repetição*.

A concepção de Lagache, responsável por influenciar em grande medida as gerações analíticas subsequentes, a meu ver enquadra-se no contexto tendencial que defino como *ecologia psicanalítica*: uma vez que recuperado, em sentido teórico positivo, um fenômeno (na verdade, a repetição) aparentemente negativo, mostrando sua possível função útil que está por trás de uma modalidade aparentemente apenas patológica e disfuncional.

Uma espécie de reciclagem de resíduos (intrapsíquicos e relacionais, no plano clínico; fenomenológicos e conceituais, no plano teórico) que, como sabemos, emerge em diversos momentos mediante o sonho, a transferência, a contratransferência e – mais recentemente – o *enactment*: todas as eventualidades recuperadas do estado de descarte ou de obstáculo para aquele de recurso potencial e, por fim, para aquele mais nobre da *via regia* no âmbito da técnica.

Devo admitir que, embora aprecie seu espírito, não considero essa orientação construtiva e aprimorada – mas talvez também um tanto otimista – isenta de problemas quando não integrada de maneira adequada por um exame de realidade bastante desencantado da complexidade clínica: penso que há um risco, por exemplo, de se perder de vista um importante aspecto da repetição, por vezes associado de forma realmente mortal ao princípio do prazer.

Não pretendo com isso assumir um posicionamento favorável ou contrário à existência do instinto de morte em seu sentido teórico absoluto.

Reitero, por exemplo, que em nossos tempos o conceito de *Fixierung*, em sua primeira acepção freudiana, ou seja, aquela de 1905 (nos *Três ensaios sobre a teoria da sexualidade*), tem sido recorrentemente subestimado: a fixação por aspectos mais ou menos secretamente agradáveis, quiçá de cunho sadomasoquista, não me parece vir sendo adequadamente apreciada por alguns posicionamentos atuais na questão da repetição, e, a meu ver, constitui por vezes uma vertente imprescindível que não deveria ser deixada de lado.

Pergunto-me se essa mesma reviravolta de *Além do princípio do prazer* (1920), no qual Freud tolhe algo do conceito de satisfação libidinal para dar uma relevância prioritária e apartada à compulsão à repetição, pode ter contribuído para esse parcial ocaso teórico em relação à fixação. Em suma, a contraposição muito clara entre a satisfação agradável e a compulsão à repetição poderia ter advindo de uma subestimação de *satisfações fixativas secretas*, não aparentes, em superfícies paradoxais e à primeira vista pouco reconhecíveis como de fato agradáveis.

Uma perspectiva peculiar dessa complexidade negativa está vinculada ao que denomino *prestígio narcisístico secreto* (Bolognini, 2016b), um aspecto narcisístico superinvestido que permanece na maioria das vezes oculto durante a análise, que trabalha secretamente e que produz uma oposição maciça (um verniz narcisístico muito rígido e insolúvel) ao progresso da análise e da vida do paciente.

É competência específica dos analistas reconhecer e dotar de sentidos esses prazeres secretos, pouco visíveis, amiúde paradoxais e, em última instância, mortais ou no mínimo prejudiciais, que aos olhos das pessoas comuns não apresentariam motivos razoáveis para que fossem almejados.

Em definitivo, o que por vezes se repete pertence indubitavelmente ao patológico, em uma dimensão compulsiva, irresoluta e inclinada ao mortal; não por acaso fala-se de "binário morto" ante diversas situações de excessiva repetição e que, ao fim e ao cabo, não levam a parte alguma.

Estou inclinado a pensar que o supremo e trágico prazer secreto, em muitos casos, consiste na subversão do sentido de impotência no de onipotência, identificando-se com o agressor interno e atacando, punindo e perseguindo *prazerosamente* partes recusadas do próprio *self*: *a repetição pode produzir o inebriante prazer da identificação com um objeto interno onipotente em detrimento do próprio* self.

Contudo, algumas vezes (por exemplo, no já citado âmbito apontado por Lagache ou em trabalhos que se debruçam sobre o "mito do eterno retorno" [Soavi, 1989]), a repetição parece sugerir uma possível vitalidade profunda da representação do irresoluto em busca de novos desdobramentos contatáveis, de representações metabolizáveis e integrantes do *self* e de prováveis destinos distintos dos desenvolvimentos individuais (me lembro aqui do título de um filme: *Sonhos de um sedutor*).

Os exemplos clínicos de repetição são inumeráveis e vão do polo mais dramático das manifestações psiquiátricas extremas (como o movimento pendular esquizofrênico) a formas de neurose em cujas repetições podem estar condensados certos percursos subterrâneos de elevada complexidade, decifráveis somente após um longo trabalho.

Dentre essas situações, cito aquela dos pacientes que incorrem em repetidos acidentes automobilísticos e, mais especificamente, aqueles cujos responsáveis afirmam estar sempre com a razão, uma vez que, segundo eles, foram vítimas de erros ou responsabilidades alheias, sendo posteriormente contestados pelas testemunhas do evento, pelas investigações policiais ou, ainda, pela acusação da contraparte.

A renitente afirmação e a por vezes documentada reivindicação da própria indefectibilidade por parte do paciente não podem anular o fato de que tais circunstâncias se repetem com certa regularidade, e não é raro que a investigação analítica permita, com o tempo, trazer à luz os bastidores que levaram o paciente a contribuir substancialmente para o desfecho final de suas ações.

Em alguns casos, cheguei a transigir com minha própria hipótese inicial sobre a ausência de empatia por parte do motorista durante alguma manobra em relação ao condutor de outro veículo com argumentos do tipo: "Será que ele vai me dar a preferência ou seguirá direto como se eu não estivesse aqui? Bem, ele vai esperar!", quando ao fim e ao cabo isso não se confirma e resulta numa colisão.

Sou levado a pensar antes numa forma paradoxal e complexa de empatia subterrânea suscitada numa parte inconsciente do meu paciente, capaz de entrar em perfeita sintonia com o provável comportamento do outro motorista, contribuindo para a repetição de um *roteiro fixo reivindicativo, ignorado pelo ego consciente do paciente*: "Ele deveria, mas não quer me dar a preferência; fará o mesmo que meu irmão, que não respeitava meus direitos; vou deixar tudo isso à mostra; vou fazer com que seja julgado e condenado, ele que pague por seus erros!".

O aspecto empático que hipotetizei nessa repetição, portanto, diz respeito ao fim da percepção inconsciente de meu paciente sobre a idoneidade do eventual interlocutor (o outro motorista, pego inteligentemente de surpresa, em flagrante, em seu mal-ajambrado arranjo operacional) para representar satisfatoriamente, numa situação de trânsito, um objeto interno do próprio paciente, convertido, momentaneamente, num clínico sagaz de sua própria ignorância.

Notas sobre a técnica referente à repetição

Achille Campanile, um notável humorista do pós-guerra, acabou descrevendo involuntariamente um exemplo perfeito de *enactment* relativo à repetição em uma esquete brevíssima intitulada *Paganini não repete* (1974).

Nela, Niccolò Paganini acaba de executar com perfeição uma peça dificilíssima de sua própria autoria, arrebatando uma vez mais o público com seu virtuosismo, e está prestes a deixar o palco após os aplausos efusivos e as reverências habituais da plateia quando uma senhora idosa na primeira fila lhe pede um "bis".

Paganini, embora visivelmente honrado, responde de maneira cortês e assertiva seu célebre chavão: "Paganini não repete", afirmação que deveria encerrar a questão.

No entanto, a senhora do bis é surda, e torna a pedir com insistência: "Bis! Bis!".

O célebre Paganini não percebe de imediato que a senhora é surda e, num tom peremptório, recorda-lhe o que todos estão cansados de saber, ou seja, *Paganini não repete.*

Sendo surda, a senhora segue insistindo e acaba deflagrando uma situação cada vez mais tensa e paradoxal, na qual Paganini não arreda o pé de sua posição inegociável e, completamente exasperado, acaba se contradizendo: "Senhora, quantas vezes devo repetir!? PAGANINI NÃO REPETE! NÃO REPETE!! NÃO REPETE!!!".

Os analistas, em virtude de sua ciência e competência, também ambicionam saber reduzir ao máximo as circunstâncias da repetição na análise, cultivando a esperança de jamais incorrer na mesma situação de Achille Campanile.

Inspirados por um ideal narcisístico assumido no âmbito profissional, os analistas bem que gostariam de ser capazes de reconhecer prontamente os sinais da – aliás, teoricamente tão esperada – repetição transferencial, e se sentiriam analistas sensatos e brilhantes se pudessem evidenciá-la e dissolvê-la em curto prazo graças ao poder resolutivo de uma interpretação pronta e acurada.

Além disso, é certo que, no fundo, temem sobrevir aquela imediata sentença oriunda do tribunal analítico interno: "Faltou aqui uma interpretação!". O que às vezes é verdade, mas às vezes não. Definitivamente, o problema não consiste na ocorrência da repetição: ela sempre se produz, e nós bem o sabemos; o mais importante é que ela seja evidenciável, reconhecível, meditável e experimentável também no nível do *self* e que seja compartilhada entre duas pessoas de modo a ser efetivamente passível de tratamento.

Muitas vezes, o ponto crucial da questão está no *compartilhamento parcial* (ou seja, não totalmente identificatório!) *da experiência que se repete*: não como dever moral ou mero posicionamento estético do analista, mas como única condição que permite trabalhar a partir de *dentro*, estabelecendo um contato eficaz com o mundo interno.

De todo modo, os analistas estão familiarizados com essa questão menos por revisitar a repetição criada pelo inconsciente do paciente que por dispor dos instrumentos para experimentá-la, reconhecê-la e tratá-la também *a partir de dentro*, na maioria das vezes num contexto nada casual, tampouco inédito, gestado no interior do enquadramento analítico.

Gosto de comparar uma das competências do analista a uma técnica desenvolvida pelos esquimós e habilmente empregada pelos atletas da canoagem, que, ao se desequilibrarem em virtude das fortes e impetuosas corredeiras dos riachos, procedem a um giro de 180 graus, de modo a recuperar sua postura operacional: nisso consiste sua verdadeira especialidade, e não propriamente em manter uma postura altiva.

Nenhum analista pode sequer aventar a possibilidade de atravessar uma análise sem fazer parte de um roteiro denso e repetitivo, algo que, sob a perspectiva teórica, bem o sabemos; acreditamos que nossa capacidade será medida ao conseguir manejar a situação em curso de modo a torná-la viável.

Não obstante, é necessário que estejamos cientes do fato de que isso implica para nós uma ferida narcísica, uma vez que, em determinados momentos ou períodos da análise, não estaremos totalmente no comando, não seremos de todo senhores de nossos próprios domínios e estaremos – em alguma medida – atuando mais como atores heterodirigidos que como cenógrafos ou diretores, num filme alheio cujo verdadeiro diretor é o inconsciente do outro, a despeito de assumirmos uma responsabilidade fundamental na gestão do desenvolvimento analítico.

Por fim, no âmbito técnico, sabemos também, com uma espécie de serena resignação, que o encontro e a recuperação, na análise, exigem a renúncia a uma busca muito ativa e à pretensão de controlar tempos, cenários e desenvolvimentos de determinada situação com obsessiva hiperconsciência.

Estaremos, portanto, presumivelmente suscetíveis a incidir em inevitáveis repetições, por vezes num *tête-à-tête* colérico e lamentável, como no caso do Paganini de Achille Campanile, mas com alguma legítima esperança de elaborar a consciência, uma vez que tenhamos aprendido suficientemente bem, por tentativa e erro, e a nossas próprias expensas, a técnica do esquimó.

É precisamente daqui, da franca patologia repetitiva, que poderemos dar um subsequente passo explorativo rumo à parcial fisiologia insaturada da área das recorrências.

Aquilo que é recorrente integra, na maioria das vezes, a fisiologia, os ritmos orgânicos dos eventos mentais, pulsionais e geracionais. Passemos a seu exame.

As recorrências

Aquilo que é recorrente integra, na maioria das vezes, a fisiologia, os ritmos orgânicos dos eventos mentais, pulsionais e intergeracionais (não os transgeracionais, que são traumáticos e não recorrem, mas se introduzem de maneira reiterada como elementos não digeridos e identificações alienantes [Faimberg, 2005]).

A memória inconsciente parece manifestar nas recorrências uma negação parcial e cativante do princípio de absoluta atemporalidade do inconsciente, e parece exigir uma reformulação igualmente parcial, como veremos a seguir.

Na análise, por exemplo, reconhecemos e respeitamos a periodicidade profunda dos ritmos do *setting*, com suas estações e separações, e os efeitos que ele produz (ouso afirmar que, a esse respeito, o conhecimento dos analistas de hoje é razoavelmente maior em relação às gerações anteriores).

Sem sombra de dúvida pode-se afirmar que o inconsciente é atemporal, mas às vezes é evidente que ele o é a seu modo: ele relembra com uma precisão implacável as datas e os lugares que o ego consciente perdeu de vista e volta com muita frequência ao local do delito (assim como ao do deleite) sem que o sujeito se aperceba – pelo menos por um tempo. Maria Pierri (2018) nos ofereceu elucubrações preciosas sobre o tema.

Um exemplo dentre tantos: pouco mencionada na literatura analítica se comparada a outras datas de celebração, a recorrência do Dia dos Mortos (celebrada no dia 2 de novembro), defensivamente substituída, em muitos países, por uma solução hipomaníaca representada pelo Halloween, amiúde emerge na análise por meio de atmosferas sombrias e inquietantes, de todo apartadas de um contato consciente com recordações, perdas, dores e culpas referentes ao mundo familiar dos pacientes.

De modo análogo, outras datas propriamente relacionadas à perda dos entes estimados são muitas vezes reconhecidas como fonte de agravamento do humor do paciente somente após um razoável percurso associativo na análise: "Não tinha pensado nisso". O ego consciente de fato não pensara, mas *algum outro*, ali dentro, certamente o fez.

Outro exemplo típico: as recorrências das separações significativas no *setting* se anunciam já bem distantes do evento, por meio de inquietações, alterações no humor e nas cores da atmosfera da sessão, bem como nos deslocamentos rumo a situações e figuras externas à análise propícias à representação de eventos objetais profundos.

No capítulo anterior, apontei algumas especificidades muito peculiares do cortejo fantasmático que acompanha as grandes separações recorrentes durante o ano analítico; neste capítulo, passo a explorá-las sob a ótica específica da recorrência, em virtude de sua previsível sazonalidade.

A periódica separação estival do analista é de fato comparada conscientemente às férias escolares de verão, e amiúde percebida com bastante antecipação – e posteriormente vivenciada de fato em campo –, mais ou menos como a travessia de um deserto: uma longa ausência do objeto que lança o paciente numa jornada de sobrevivência e durante a qual o analista se ausenta, experimentando distâncias instransponíveis que se anunciam muitas semanas antes nos movimentos profundos e nas produções oníricas e fantásticas da sessão, às vezes nos atos e contradefesas (como viagens de certo empenho e inclusive risco, mas em todo caso destinadas a contrapor um "outro lugar" enfático em relação ao "nós aqui", como resposta à ausência do objeto). O abandono passivo subitamente se converte então em distanciamento ativo, talvez antecipando o desligamento das sessões e compensando a ausência do objeto com eventuais investimentos em outras figuras.

Na grande separação de verão, muito frequentemente o objeto-analista desaparece das representações conscientes ("Não, olhe, doutor, eu mesmo nunca pensei na análise!"), e, no entanto, o paciente sequer imagina onde o analista está. O fantasma predominante tem mais a ver com o abandono que com a exclusão; é, como eu dizia, uma *dimensão predominantemente diádica*.

Por outro lado, *a breve, porém intensíssima, separação natalina* desencadeia fantasias de qualidades completamente distintas, e poderia ser comparada à profundidade de uma estreita fenda numa geleira: dura poucos dias, mas tem um elevado poder evocativo. Por quê?

Porque, como se sabe, as festas de Natal e Ano Novo implicam encontros significativos e reuniões familiares (Natal) e sociais (Ano Novo) de elevada intensidade afetiva com pessoas próximas ao analista e, portanto, a separação muitas vezes assume a conotação de *um concentrado complexo de Édipo e de cena primária*, com um ardente *sentimento mais de exclusão que de abandono.*

O que pretendo evidenciar aqui é que *tudo aquilo é recorrente, e o inconsciente já sabe*; às vezes parece inclusive que o inconsciente pensa antes e mais do que o ego consciente, que é atravessado e abalado por inesperadas tempestades emocionais cujo sentido não está em condições de reconhecer.

É preciso dizer que a *recorrência consciente e institucionalizada*, na maioria dos casos, é ainda um fato acolhido de bom grado pelos indivíduos e pela comunidade, uma vez que, em suas formas positivas (tradições, celebrações periódicas, evocações históricas), ela confirma a existência e a persistência do *self* – individual ou coletivo – e do objeto, independentemente da natureza do conteúdo celebrado; se festivo, gera alegria e orgulho; se doloroso, ao menos a comemoração compartilhada oferece um consolo.

Sabemos algo sobre isso também por meio dos nossos ritos institucionais: toda a nossa vida associativa é marcada por recorrências; os dias fixos de nossas reuniões acadêmicas (desde o rito celebrado às quartas-feiras na casa de Freud) não são úteis somente para que nos organizemos com antecedência, mas sobretudo por nos fornecerem sólidas certezas, e inclusive por servirem como receptáculo apropriado de nossas ambivalências referentes à classe profissional (não deveria confessá-lo aqui, mas o anúncio, de última hora, da ausência de algum palestrante, com o consequente cancelamento da reunião acadêmica, soa às vezes como um alívio vindo em boa hora, um "enfim livre", um *ite, missa est,*[3] com seu respectivo *deo gratias!*; para logo em seguida sentirmos falta do encontro); os congressos, as reuniões administrativas, até mesmo as fatigantes eleições locais ou nacionais, malgrado suas tempestuosas consequências, constituem uma recorrência estruturante, que confirma o *self* grupal e, consequentemente, o *self* profissional dos membros.

Contudo, a mais individual das recorrências privadas é *o aniversário*, que celebra, periodicamente, *a bondade intrínseca do nascimento do sujeito*, bem como sua significação reconhecida por parte das pessoas a ele ou a ela ligadas e a confirmação oportuna dos fundamentos narcisísticos saudáveis e necessários.

---

3 Expressão latina usada para informar que a reunião/assembleia acabou. Literalmente: "Ide, esta é a dispensa" ou ainda: "Vão, estão dispensados".

Por fim, notamos que, *enquanto o tempo subjetivo, na repetição, é predominantemente achatado, o tempo da recorrência é um tempo rítmico*, que parece conservar ao menos em parte o sentido de mutação das coisas, inclusive na percepção intensa da experiência em curso.

"If winter comes, can spring be far behind?" ("Se chega o inverno, pode a primavera estar longe?"), cantava o poeta Percy Bysshe Shelley em sua célebre *Ode ao vento oeste* (1820).

Para os analistas, é ainda fascinante o fato de o percurso interno da recorrência ser, na maioria das vezes, absolutamente subterrâneo, complexo e, em última instância, espetacular, uma vez que a direção que o organiza permanece de todo inconsciente durante boa parte de seu desenvolvimento.

Há bastante tempo meu paciente A. realiza, ao longo de sua análise, uma série de passagens existenciais vertiginosas, experimentadas por ele conscientemente como inéditas: após muitos relacionamentos inconclusivos e, a bem da verdade, completamente repetitivos, orientados apenas para suas confirmações narcisísticas, casou-se e teve uma filha; seis anos depois se separou de maneira turbulenta; uniu-se a outra mulher por alguns anos; por fim, voltou com a esposa e a engravidou novamente. "Estranho... [diz, com ar atônito, numa sessão]: somente agora, aqui com você, me dou conta de que o menino que irá nascer [já sabem o sexo do nascituro] terá uma irmã de nove anos: exatamente a diferença de idade entre minha irmã e eu."

O reencontro

Aquilo que se reencontra inscreve-se numa área geralmente saudável da experiência reiterada do encontro com objetos ou situações, e essa área não deve ser considerada, por excelência, uma repetição.

Em geral, as crianças não gostam de mudar o destino das férias. Elas preferem antes reencontrar os mesmos lugares, as mesmas pessoas e as mesmas coisas ao longo do tempo.

O componente jocoso do *fort-da* protagonizado pelo pequeno Ernst Wolfgang Halberstadt, neto de Freud, filho de Sophie (aliás, o único descendente de Freud, depois de Anna, a se tornar psicanalista [Prengler, 2001]), constitui uma das cenas clássicas da psicanálise. O menino se diverte fazendo o carretel – manejado por ele com grande agilidade – desaparecer sob o divã (*fort*), para em seguida fazê-lo reaparecer (*da*). A cena nos deixa entrever o lado pelo menos parcialmente saudável e necessário da repetição: o lado que todos experimentamos ao encenar com nossos filhos um roteiro rudimentar e instintivo, em cuja desaparição, nossa ou deles, saindo do campo de visão para em seguida reaparecer com uma expressão de alegre surpresa e reconquista, há uma feliz confirmação da persistência do objeto e do sujeito após uma separação; em suma, é uma espécie de treinamento para a vida. E se trata de uma brincadeira muito divertida para as crianças.

A experiência do reencontro marca a retomada do contato com conteúdos mentais e partes do *self* que haviam sido conhecidos e em seguida apartados ou perdidos, e que em alguma medida o ego consegue – por vezes em circunstâncias inesperadas – alcançar novamente, graças a uma mobilidade funcional conservada ou reencontrada; o reencontro é um maravilhoso indício de tendência para a saúde psíquica, a despeito de ser muito doloroso em determinadas situações.

Os processos reintegrativos, tão frequentemente embargados pelas angústias de integração descritas por Gaddini (1980), constituem o produto admirável de um rigoroso trabalho analítico e, a meu ver, em menor grau, da experiência universal da vida.

Por fim, pode-se dizer que, no reencontro, a experiência subjetiva do tempo é profundamente distinta das duas condições anteriormente descritas: é um *tempo que respeita a distância, a perda e a ausência.*

Distinta é também a experiência subjetiva do tempo nessas três ocorrências mentais: via de regra, é *um tempo achatado, na repetição patológica; um tempo rítmico, na recorrência; e, no reencontro, um tempo respeitoso ante a distância, a perda e a ausência.*

Mas sabemos também, com uma espécie de serena resignação, que o encontro e o reencontro, na análise, exigem a renúncia a uma busca muito ativa e à pretensão de controlar o tempo com uma obsessão hiperconsciente.

Aceitamos, toleramos, estudamos e interpretamos a repetição na transferência, na contratransferência e no *enactment*.

Reconhecemos e respeitamos a periodicidade profunda dos ritmos do *setting*, com suas estações e separações.

E acolhemos – às vezes com ares de *celebration*, ao estilo winnicottiano – as surpresas dos reencontros, favorecidas pela parcial suspensão do controle e da lógica secundária.

Os analistas, na intimidade do contato experiencial com a vivência dos pacientes, oscilam entre essas diversas dimensões subjetivas dos outros, todavia infundindo nelas algumas habilidades específicas que lhes são próprias.

Acredito que, graças à experiência intergeracional de um século de convivência analítica nas sessões, muitos analistas hoje podem prover, de maneira muito natural, a sensação de uma continuidade não surpreendente entre presente e passado, entre o dentro e o fora da sessão, entre as histórias familiares e individuais dela oriundas; e que estão em plenas condições de fazer uma imersão parcial e articulada numa dimensão subjetiva *zeitlos* (sem tempo), embora conservando com suficiente funcionalidade - em um setor devidamente cindido do ego de trabalho (Sterba, 1934) - o sentido do tempo, por exemplo, em relação ao fim da sessão ou a sua aproximação ou não de separações significativas, bem como à recorrência de datas significativas ao paciente, "esquecidas" pelo ego consciente, mas jamais ignoradas pelo inconsciente etc.

Tentarei descrever como o analista se move, em seus melhores momentos, numa zona limítrofe entre a circularidade repetitiva e o senso de uma continuidade profunda do tempo e dos eventos, uma continuidade dotada de sentido.

A "consubstancialidade não confusiva"

Creio que hoje muitos analistas podem não apenas postular teoricamente, mas também *entrever experiencialmente no paciente a criança, o menino e o adulto, e eventualmente a criança ou o menino (ou ambos) no adulto*; ou ainda experimentar um sentimento de *continuidade intergeracional complexa* (Kaës, 1993; Losso, 2000, 2003; Faimberg, 1998, 2005); ou reencontrar no "agora" ou no "depois" as repetidas implosões e subsequentes cicatrizes de traumas pregressos; e, ainda, viver a sessão tolerando suficientemente bem as equivalências simbólicas e as alternâncias de processo primário e de processo secundário como partes do modo humano de ser, em um contínuo vai e vem entre aquilo que é lógico e aquilo que é *somente* psicológico.

Com resignada e perspicaz clarividência, Gabriel García Márquez, em seu primoroso *Cem anos de solidão* (1967), reencontra os mesmos e reiterados desdobramentos existenciais e de caracteres em personagens que estão há décadas distantes de seus eixos familiares.

Nas telas, Stanley Kubrick nos apresenta a recorrente transfusão do feto em homem e, logo, em idoso, para então reconfigurar-se ciclicamente em feto, no eterno retorno do *monolito* em *2001: Uma odisseia no espaço* (1968).

Esse monolito é *atemporal*, mas não é, em absoluto, estático: o polimorfismo evolutivo do ser humano é representado nele por meio de uma incessante transformação da figura e de sua significativa continuidade identitária (o personagem retratado é sempre o mesmo indivíduo, que muda ao longo do tempo); além disso, esse polimorfismo é recorrente (os ciclos evolutivos se repetem de modo circular).

Isso induz no espectador uma progressiva capacidade de reconhecer o mesmo indivíduo, ainda que sua morfologia seja alterada, e – do mesmo modo – de aceitar a ideia de um indivíduo que muda conservando sua essência e sua identidade: a continuidade e a recorrência permitem o reconhecimento do objeto, a despeito de sua incessante transformação.

Segundo penso, assim é que se forma e se evolui, em muitos analistas contemporâneos – para a transmissão direta do trabalho de várias gerações –, uma área representacional interna passível de abrigar um objeto em movimento contínuo em seu vir a ser *zeitlos*: um espaço interno dentro do qual a repetição está contida como reproposição do irrepresentado ou do irresoluto, em formas aparentemente diversas, distantes ou dissociadas, mas com as quais o analista pode conceber (ou pelo menos postular) a *consubstancialidade* por meio do reencontro.

Este último conceito, a consubstancialidade, merece aqui um parágrafo próprio. Ele *distingue a conjunção associativa analítica de coisas diversas (que oscilam entre o análogo, o símile e o correspondente) da degeneração da confusão.*

Sei que o termo é inusual na literatura analítica e que frequentemente levanta suspeitas em razão de sua concomitância com o conceito secular homônimo da religião católica, responsável por designar a equivalência simbólica entre o corpo de Cristo e a hóstia sagrada.

É muito provável que alguns analistas de língua latina, por conta de uma reminiscência dessa sólida tradição religiosa, de fato tenham utilizado o mesmo termo inclusive em sua acepção laica.[4]

Nacht e Viderman (1960) falaram de *união consubstancial* como um movimento rumo a uma fusão ilimitada, na qual sujeito e objeto se fundem numa união indistinta.

Bouvet (1956) também havia meditado sobre o vínculo íntimo que se manifesta na relação transferencial entre analista e paciente, utilizando, para tanto, a expressão *união consubstancial.*

Cito esses autores apenas para atestar como o termo já foi empregado no passado em alguns textos psicanalíticos, embora muito raramente e num sentido um pouco diferente do que uso aqui.

Fornari (1980), a meu ver o mais significativo, afirmou que há sinais consubstanciais que apresentam a mesma substância do

---

4 Entre os autores anglo-saxões, somente Loewald, de maneira curiosa – todavia intencional –, empregou palavras latinas em sua obra: "Insofar as the oedipal objectum is consubstantial, as it were, with the preoedipal identificatum – is the same body as that with whom the identificatory bond existed and still persists – the preoedipal bond is violated. (I use the Latin expressions objectum and identificatum for what I hope will be greater clarity of meaning)" (1979, p. 765).

conteúdo do significante e do significado, sinais emocionais comparáveis aos amuletos utilizados nas religiões primitivas. Também as primeiras e mais elementares expressões de sons, que precedem as palavras, são usadas pelos bebês como objetos transicionais, consubstanciais à voz da mãe, no sentido de que, como aquelas, estas expressões também são utilizadas pelo bebê para conservar uma companhia ante a ausência da mãe.

Eis precisamente o cerne do campo que estou explorando.

O termo *consubstancialidade* diferencia a *conjunção associativa* analítica de coisas diversas (oscilantes entre o *análogo*, o *símile* e o *correspondente*), que é um pressuposto essencial para a compreensão profunda e para uma atividade mental criativa, da *confusão* entre coisas diversas (que parecem ser as mesmas, em razão da identidade perceptiva e representacional), que é, por sua vez, um fenômeno patológico.[5]

É interessante notar aqui como a experiência da consubstancialidade pode ser compatível com a conservação do um sentido subjetivo do tempo, embora parcialmente alterado, suspenso, abrandado etc., ao passo que a confusão tende a anulá-lo integralmente.

---

5 Na física, a *analogia* (do grego *anà-loghia* = proporção) designa a relação de afinidade entre dois fenômenos distintos cujas grandezas estão necessariamente vinculadas a equações proporcionais idênticas; na biologia, indica uma semelhança morfológica ou funcional entre dois órgãos, diferentes entre si em sua estrutura ou desenvolvimento. Em ambos os casos, a semelhança é estabelecida pelas relações de proporção. Na matemática, a *correspondência* diz respeito à relação entre dois ou mais elementos de duas classes distintas que, não obstante, correspondem espacial ou funcionalmente. Ainda na matemática, a *similaridade* designa as figuras que possuem a mesma forma, mas em dimensões diferentes. Na acepção psicológica, a analogia remete a uma função evocativa mais pronunciada em relação à semelhança: enseja, mais assertivamente, uma conexão mental com a coisa associável àquela percebida, e uma menor confusão entre as duas.

Portanto, estamos no terreno da distinção entre equivalência e equação simbólica.

O conceito de *consubstancialidade* é próximo ao da *equivalência*, ao qual, no entanto, se acrescenta um elemento de "*verdade experiencial*" que vai um pouco além do campo significante da semiose: um pouco como acontece no sonho, de cuja representação semântica amiúde participa o sentido de verdade experiencial, a despeito de não haver realidade (Bolognini, 2008).

Enfim, ressalto a *diferença que intercorre entre uma experiência do* self *e uma decifração semiótica executada pelo ego.*

Alguns autores se debruçaram sobre duas vertentes, a criativa e a patológica, desse âmbito mental: cito dois deles, Ignacio Matte Blanco (1975, 1988), com seus conceitos de *classe* e *isomorfismo*, e Franco Fornari (1976, 1979, 1981), com o conceito de *koinema*; mas a maior parte das contribuições, inclusive aquelas formuladas pelos dois importantes autores italianos mencionados, esteve focada sobretudo na análise das possíveis confusões cujas reminiscências persistem na vida consciente como resultado de equivalências ou de equações inconscientes.

Tal como apontou Hanna Segal, quando há uma prevalência do pensamento concreto, os símbolos não podem ser compreendidos como tais (o que corresponderia a uma real equivalência simbólica); em vez disso, são totalmente experimentados (e, consequentemente, mal interpretados) como aquilo que apresentam em sua dimensão concreta (equação simbólica).

Segal (1957, 1994) demonstrou que a capacidade de simbolizar está essencialmente vinculada à capacidade de separar-se, de modo que a equação simbólica acaba prevalecendo na posição esquizoparanoide.

Contudo, examino aqui a vertente oposta, aquela mais avançada e criativa da percepção e da frequentação psíquica da consubstancialidade não confusiva, como um recurso do analista, como uma espécie de dimensão auxiliar favorecida pelo exercício clínico (um pouco como o famoso *terceiro ouvido* de Theodor Reik [1948]), que habilita o analista a ampliar o sentido da análise em relação a tudo que escuta e vivencia na sessão.

Ao longo dos anos, o analista aprimora sua capacidade de alternar uma atitude reparadora e sublimativa, típica da posição depressiva, e a capacidade de identificar-se parcialmente (o que chamo de *perceptividade empática*) com a posição esquizoparanoide do paciente.

Isso permite a ele realizar experiências de diferentes níveis de simbolização e de concretude (ou seja: de equivalência simbólica *vs.* equação simbólica) que correspondem aos diferentes níveis do funcionamento mental do paciente.

César e Sara Botella (2001) descreveram essa postura do analista, ou seja, quando disposto a coexperimentar funcionalmente a regressão do paciente na análise como *regredience*.

Corroborando com eles, me interesso pela vantagem funcional de uma regressão temporária e dosada à experiência de *consubstancialidade na atemporalidade*, tal como ocorre na brincadeira, com a contribuição positiva da ilusão (Winnicott, 1971; Milner, 1955), no trabalho artístico, por meio da *regressão a serviço do ego* (Kris, 1952; Gombrich, 1957) e, em alguns casos, do sonho (Andrade de Azevedo, 1994; Bolognini, 2000, 2005) em relação a seus aspectos potencialmente criativos e transformadores.

Confluência e consubstancialidade

O analista com experiência suficiente prova uma sensação de *natural continuidade* entre o relato consciente do paciente no *alibi et nunc* (lá – ou em outro lugar – e agora: a sua relação atual com os objetos externos à sessão); a referência inconsciente da relação com o analista (*hic et nunc*, aqui e agora na sessão); o traço mnemônico por vezes um tanto desvanecido do *alibi et tunc* (alhures e naquele então), em suas histórias precedentes de relação infantil com os pais e com os *caregivers*; o estilo (tão recorrente a ponto de se tornar amiúde repetitivo, automático, talvez procedimental?) do paciente em suas relações possíveis com todos os objetos que se lhe apresentam na realidade externa em condições equivalentes; e, por fim, a realidade profunda de sua relação com o objeto *absoluto atemporal onírico*, que é ou que está, e que de fato se repetirá se os sucessivos desenvolvimentos transformadores não interferirem.

Lembro-me de ter experimentado essa continuidade cultural e cognitivamente no início de minha prática analítica – como muitos colegas de profissão, suponho. Sabíamos, no início do treinamento, que a psicanálise buscava estabelecer nexos entre o passado e o presente, entre o dentro e o fora da sessão, entre a relação com o analista e outras pessoas por meio de deslocamentos, projeções, condensações nos âmbitos mental e relacional; e se dispunha, de um modo às vezes escolar e programático, a captar seus variados desdobramentos, vendo as coisas sob distintos pontos de vista.

Algumas lições fundamentais (por exemplo: se o paciente fala do presente, devemos pensar no passado; se nos fala do passado, pensamos no presente) nos chegavam por meio dos clássicos; a experiência analítica pessoal nos familiarizava progressivamente com a livre circulação que ia além e aquém das categorias da lógica secundária.

Honestamente, creio, entretanto, poder recordar uma certa prevalência da postura investigava metódica e deliberada em relação à fluidez associativa livre e espontânea. Com os anos, dei-me conta de uma mudança progressiva em meu funcionamento interno. Eu assim a denominaria: *o senso da "confluência e da consubstancialidade transferencial"*.

Pretendo dizer, em simples palavras, que com o tempo e a prática torna-se bastante natural não apenas teorizar, mas realmente sentir, imaginar, pensar, conceber que não pode haver uma grande descontinuidade entre aquilo que o paciente sente em relação aos objetos externos ao analista, a alguns aspectos de seu *basic-object* remoto, e aquilo que sentirá em relação a seus futuros interlocutores de determinado feitio, *como no passado, como aqui e agora, como fora daqui agora, como todas as vezes que*: como *está*, em todo caso, estampada dentro, vívida e pronta para se reproduzir indefinidamente, a relação objetal que o habita e na qual ele vive no âmago profundo de si mesmo.

Aliás, a propósito dos equivalentes intergeracionais intrínsecos à supervisão (em que um profissional se coloca funcionalmente como um genitor mais experiente disposto a ouvir e a dar assistência ao jovem analista que, por sua vez, desenvolve uma função gerativa em relação ao paciente), me pergunto se não seria deliberado o fato de que essa visão das coisas se adequa mais facilmente a uma certa idade, mais ou menos quando nos tornamos avós, mais no sentido interno que naquele literalmente notarial – que fique claro.

A perspectiva intergeracional, naquele ponto da vida, se amplia e se estende também em profundidade, permitindo identificar-se na intensidade e na eventual dramaticidade daquele *hic et nunc* subjetivo de quem é mais jovem ou de quem é muito pequeno, sem que por isso se perca de vista a complexidade do campo, a profusão das figuras alternadamente presentes em cena, a natural sucessão de gerações e o sentido intrínseco na repetição de configurações e desenvolvimentos.

Trata-se, portanto, de voltar a provar, numa continuidade recorrente, aquelas tantas passagens identitárias e experienciais ao considerar os filhos e netos, num cíclico reencontro do *self* e da sua história inconclusa, precisamente como no monolito do filme de Kubrick.

Certo é que, a despeito das prerrogativas funcionais *de amplo espectro* que idealmente atribuo (e, agora percebo, num sentido um tanto idealizante) aos analistas contemporâneos, segue sendo incontestável o fato de que alguns de nós, em alguma medida especialistas, temos uma certa inclinação a privilegiar a leitura e a frequentação técnico-conceitual de uma dentre essas possíveis dimensões temporais.

Alguns trabalham com maior convicção de utilidade num sentido arqueológico, com uma precisão reconstrutiva, religando os elementos do presente ao passado para dar um novo sentido ao presente; outros, por sua vez, adotam uma tendência de *instant reporter* e concentram seu trabalho sobretudo no momento atual, sentindo como realmente transformável apenas a realidade presente e compartilhada; outros, ainda, se abstraem do tempo e decretam, de forma um tanto quanto hierática, fórmulas esculpidas na pedra (penso, por exemplo, em alguns lacanianos por vezes hiperidealizantes ao estilo do mestre), propensos a atemporalizar de maneira bastante absoluta e a dialogar diretamente com o fantasma; há muitos outros que contatam e encaram as repetições e os reencontros transferenciais sob vários pontos de observação – poderíamos dizer –, cada um a seu próprio modo.

O material clínico ora proposto envolve essas variadas dimensões temporais de maneira complexa.

Uma sessão com Olímpia

Olímpia é uma jovem mulher de 32 anos muito bem-apessoada e dona de uma inteligência brilhante que, há pouco mais de dois anos, faz quatro sessões semanais. Na sessão anterior à que ora apresento, relatara com grande embaraço e sofrimento um episódio desagradável ocorrido na noite anterior. Quando ia de carro com o marido a um jantar com amigos, pensou que poderia encontrar, entre outros, uma conhecida com quem sempre tivera uma certa rivalidade e que agora estava grávida.

Olímpia é uma mulher muito comprometida no âmbito profissional, despende muito tempo e energia em sua carreira, configurando-se, de modo geral, mais como "menina" que como mulher adulta, antes uma "parceira" que uma esposa propriamente dita.

Mantém ainda – de forma não totalmente consciente – um *status* interior de filha única (como de fato é), embora já não viva mais com os pais, que, no entanto, moram nas vizinhanças e com os quais está muito frequentemente em contato, mesmo demonstrando certa impaciência em relação a eles.

Sob determinados aspectos, *seu formar um casal* ainda parece motivado à obtenção de uma certa completude narcisística (o companheiro como *duplo* integrativo, e em outros níveis como confirmação especular-gemelar de si [Kohut, 1971], que lhe permite encarar, com um senso mais consistente, as fases iniciais de um efetivo desapego dos pais, dos quais ela na verdade ainda mantém bastante dependência).

Sempre declarou com convicção (e com um certo ar zombeteiro para os eventuais insinuadores dessa hipótese) não ter, no momento, nenhum projeto ou desejo de maternidade.

Eu a entendo literalmente, no sentido de que a sinto ainda muito comprometida com passagens anteriores; a tal ponto que – nesse momento – a imagino como uma daquelas filhas que, se tivessem um filho, confiariam sua criação aos pais, delegando a eles a verdadeira paternidade e preocupando-se em seguir focadas sobretudo em sua formação profissional, encarada como um verdadeiro interesse de base.

Isso não impede que alguns movimentos evolutivos profundos sejam, não obstante, perceptíveis nela já há algum tempo de modo conflitual e complexo; recentemente ela e o companheiro compraram um cachorro que, sim, muitas vezes fica na casa dos pais quando ela está no trabalho, muito embora a esse respeito eu possa assegurar (sendo quase um especialista no caso) que ela tem revelado uma boa e autêntica veia relacional: como se esse estágio fosse um ensaio geral de possíveis desdobramentos futuros.

No caso que descrevo, já diante da casa dos amigos, Olímpia protagonizou uma espécie de cena histérica, recusando-se a descer do carro, desatando a chorar e assumindo um olhar absorto, para além das próprias intenções e não obstante a noção já operante de vergonha e de culpa; ela e o marido permaneceram literalmente enredados num *impasse* neurótico, quando por fim ela o convenceu a levá-la para casa sem dar maiores explicações sobre o porquê de seu comportamento.

O marido, desconcertado e colérico, foi ao jantar sem ela, justificando diplomaticamente aos amigos a ausência da companheira por um motivo qualquer.

Ao fim da sessão, com a boca semicerrada, Olímpia acabou admitindo o problema narcisístico do confronto e da rivalidade com aquela sua conhecida, agora gestante. Na sessão seguinte Olímpia subitamente relatou um sonho. Estava fotografando baleias, primeiro do topo de um rochedo, e depois diretamente imersa no mar. Diante das outras baleias havia um *capitólio* – imediatamente se corrigiu: *cachalote*[6] – que era amigável e não inspirava medo. Essa baleia sorria e mostrava os dentes.

Fiz com que ela notasse, pegando no ato aquele detalhe, que ela dissera *capitólio* em vez de *cachalote*, e que o Capitólio, para todos os italianos, era a colina de Roma na qual vive e trabalha o prefeito da cidade.

A paciente em questão é filha de um funcionário público, com o qual tem uma relação edípica intensa e preferencial, mas sobretudo ambivalente; trata-se de uma área já bastante conhecida nesta análise, e a paciente imediatamente percebe o significado de seu ato falho.

Depois, ela associa, com desenvolta fluidez, *as baleias* às mulheres grávidas, e comentamos sobre ela ter relatado que se tratava de baleias com dentes, incluindo a cachalote/Capitólio; primeiro fala de um *tubarão vegetariano*, em seguida reconhece sem muita resistência que aquelas baleias do sonho pareciam um tanto ambíguas em relação a sua agressividade, deixando escapar uma leve risada.

Faz uma pausa breve.

Diz, num tom repentinamente sério e um tanto sombrio, que "há apenas uma, uma foto histórica" de sua mãe grávida.

E depois complementa: "Se um dia eu tivesse um filho, jamais o deixaria com minha mãe... até mesmo o cachorro parece maltratado quando fica com ela".

Ao que lhe digo: "Só um momento... [pausa; revisito aquela frase, quase soletrando, a fim de saboreá-la e reconsiderá-la conjuntamente] *Se um dia eu tivesse um filho...*: e *apenas uma, uma*

6 No original, *campidoglio* (capitólio) e *capodoglio* (cachalote) [N.E.].

foto histórica [um flash!] dela grávida" (pequena pausa, para compartilhar o tempo de pensar; em seguida prossigo). "A *primeira – e até agora única* – desde que você está aqui" (pausa para ressaltar e criar um espaço interno para o próximo pensamento). "Acho que *estamos fotografando a baleia*".

Experimento a sensação de estar *na água* com a paciente, enquanto há pouco a observava do *alto de um rochedo*.

Nessa cena, quem está grávida?

Seria Olímpia, na sua e nossa fantasia, e na sua potencialidade futura? Sua conhecida-rival, evitada na noite anterior? A mãe de Olímpia, numa fotografia de tantos anos atrás? O analista, como equivalente materno dentro do qual Olímpia cresce a cada sessão e realiza suas evoluções e suas cabriolas associativas? Ou ainda todos aqueles que abrigam outra pessoa em seu espaço interno e lhe permitem crescer?

Há, no entanto, um elemento dissonante e não idílico nesta cena que permanece em minha mente, o qual decido reintroduzir em campo.

> *Analista: "E as baleias com os dentes?".*
>
> *Paciente (numa espécie de riso sarcástico com os dentes semicerrados): "Eh... eh!!!" (Olímpia tem um trejeito um tanto estranho, muito peculiar, de falar com os dentes cerrados: ela range os dentes para não dizer, como se freasse as palavras, e por fim acaba dizendo, mas diz – de fato – com os dentes cerrados, com um permanente compromisso interno entre a expressão e a retenção; imagino, pelo seu modo falar, que lhe brilham os olhos, a meio caminho entre o medo de ousar e a excitação de agredir.) "Eu já estava no mar, não mais no rochedo*

> *como observadora distante... não tinha medo, mas estava tão perto".*
>
> *Analista (sentindo a negação daquele não): "Talvez você estivesse com um pouco de medo... mas estava tão perto. E via as baleias pela primeira vez assim tão de perto, e estando no ambiente delas".*

Penso que *estar sobre o rochedo*, numa posição de segurança, do alto, está relacionado a uma certa identificação defensiva com o pai (*duro como uma rocha*) e com um certo modo de tratar as coisas de cima a baixo que lhe é próprio, e que percebo ser também de Olímpia ao imitá-lo inconscientemente.

Na análise, o âmnio aquático no qual está mergulhando parece agora indicar sua aproximação inicial ao mundo materno e, consequentemente, a um contato diverso com o próprio *self*.

Mas não refiro esses pensamentos à paciente, visto que me parecem excessivamente genéricos.

Até aqui, tecnicamente falando, estou apenas seguindo, evidenciando coisas ditas por ela e explorando o campo manifesto.

Com efeito, por meio desse relato onírico e de sua reverberação dentro de mim, pude experimentar um sentimento de intensa emoção causada pela irrupção – na cena da análise – desses enormes animais primitivos, equivalentes à mãe gestante, capazes de suscitar sentimentos positivos e negativos de grande intensidade.

A essa altura decido criar uma conexão a mais, sempre utilizando elementos levados pela paciente, destinada a conferir uma representação (por meio de um jogo de equivalências metafóricas que, nesse momento, parecem gozar de eficácia e livre circulação) à experiência que sinto estabelecer-se no *aqui e agora*: "O cachorro também tem dentes, mas você gosta de estar perto dele".

Essa comunicação, que traz à cena um objeto-*self* infantil (seu cachorro) frequentemente citado, amado e reconfortante, seria também portadora de uma tentativa reconfortante inconsciente de minha parte (e é também a expressão de minha defesa ante o encontro muito emocionante e muito próximo com *a mãe gestante*, que eu também sou por causa do efeito de transferência), ou conferiria, por outro lado, a relevância necessária à sensação compartilhada de possível vivência daquele instante, a despeito de sua complexidade e ambivalência (o cachorro teria dentes não negligenciáveis)?

Seja qual for a efetiva vivência, essa passagem repleta de imagens e emoções experimentadas por ambos na sessão ainda permanece como um momento fortemente extraordinário, anormal, inusual: é, certamente, como ver baleias de perto. Trata-se de um espetáculo potente e inesquecível segundo aqueles que tiveram o privilégio de testemunhá-lo presencialmente.

Penso que o reconhecimento do objeto, saindo da ótica protetora narcisística, busca um efeito análogo, com todo o ímpeto arrebatador que envolve, e com a sucessiva e inevitável reação ambivalente perante o objeto.

É ainda sobre este último aspecto – ou seja, a conflitualidade ambivalente – que se volta minha reflexão clínica.

Pergunto-me: quem é que *tem dentes* naquela cena do sonho? E quem tem dentes na cena experimentada durante a sessão?

É Olímpia que se aproxima de mim ou sou eu que me aproximo dela em um *medium* relacional analítico no qual não se aplicam as mesmas leis físicas de outras ambientações, e se *flutua* assim tão de perto?

Seria Olímpia com suas antigas contas a acertar com a mãe (que se descobriu grávida muito jovem, contra a vontade própria e de seus pais, e que celebrou significativamente sua gravidez acidental com uma única e desbotada fotografia), ou a Olímpia da relação paterna, um *tubarão vegetariano* que a inibe e inibe a si mesmo na meta incestuosa?

Seria o pai *Capitólio-cachalote*/prefeito-chefe da *família/capital nacional* quem se interpõe de forma ambivalente entre ela e a *mãe grávida/outras baleias*, ou ainda entre ela e sua potencial maternidade?

Ou ainda o seu *cachorro de estimação*/ela mesma quando menina, que está crescendo (tal como ela está crescendo aqui, na análise), mas com o qual ela se sente bem do mesmo jeito e que não é perigoso, mesmo que ao *mostrar os dentes* arruíne tudo?

Ou uma sanguinária Olímpia-rival que poderia aniquilar sua conhecida (e a mim, como adulto capaz de conter e fazer crescer) para roubar não *uma*, mas *a* gravidez?

Sinto que há uma continuidade em tudo isso, mesmo que tenhamos que progressivamente focar os adensamentos de significado prevalentes.

Penso também em sua mãe, aos dezoito anos, quando, de dentes cerrados, teve de anunciar aos pais que estava grávida, com o medo dos *dentes* dos genitores, de suas mordidas e dos próprios remorsos internos; e penso como, dentre outras coisas, ela deve evitar repetir os passos da mãe, e ainda, em outro sentido, como Olímpia deve ressarci-la mediante a própria carreira profissional tudo aquilo que lhe tolheu ao nascer.

Há uma consubstancialidade entre as baleias, as mães grávidas e os analistas que contêm criativamente os pacientes *até o fim*, os mesmos pacientes que começam a imaginar seu espaço interno após ter conflituosamente admirado e invejado o de outrem.

Há consubstancialidade entre os dentes de um animal de estimação tão formidável, entre os dentes de Eva/Olímpia que deseja avidamente morder a maçã pecadora da vida adulta, e aqueles explorativo-separativos de um analista que, por meio do corte-cisão-distinção, interpreta a fim de divisar de forma clara o vital do mortal na vida mental de seus pacientes.

Por vezes, nós, analistas, utilizamos de maneira natural essa consubstancialidade metafórica, falando deliberadamente de baleias para falar de mães, e daquela tal mãe histórica do passado, ou daquela potencialmente *em devir* no futuro da paciente; ou falando da maternidade de um modo geral, quando sentimos que o paciente nos segue, que o paciente compartilha o fluxo do pré-consciente, e que *vê* – naqueles raros, privilegiados momentos – os nexos profundos, as equivalências entre coisas aparentemente tão diversas e distantes entre si que seus sonhos, suas associações ou suas fantasias colocaram à nossa disposição.

Frequentemente devemos esperar anos até que o paciente progrida a ponto de compartilhar conosco a dimensão criativa da *consubstancialidade não confusiva*, aquela na qual o ego de trabalho consegue imergir no pré-consciente para, em seguida, reemergir de tempos em tempos no necessário vai e vem entre as múltiplas equivalências simbólicas e as diversas modalidades funcionais da mente.

Também nós, analistas, geralmente progredimos com a experiência e a reflexão elaborativa nessa complexa atividade, e creio que os jovens candidatos que às vezes me perguntam, ao longo da supervisão, se em determinado ponto da sessão teria sido conveniente ou possível fornecer diretamente ao paciente uma interpretação de transferência encontrarão a sua resposta original – acompanhada de outras elucidações técnicas e tão importantes quanto, presentes na literatura – na própria equação pessoal que se relaciona com sua evolução interna mais profunda.

Isso vale também para Olímpia, de quem ainda não sei precisar com exatidão, para além do episódio analítico recém-apresentado, as atuais capacidades de contato e de exploração do mundo interno e a real consistência das mutações em curso oriundas de sua relação com os objetos.

Isso veremos a partir dos próximos meses.

Não obstante, a sensação de que Olímpia agora está *na água* começa a tomar forma.

Quanto ela se precipitou nas águas ou a qual profundidade ela escolheu mergulhar ainda não me parece claro, mas agora nadamos no campo analítico, e grandes, eternos fantasmas arcaicos do passado e talvez do futuro estão vindo a seu encontro: como em sua primeira infância, como na história das gerações familiares anteriores à sua, como – se tudo der certo – nas gerações posteriores que poderiam descender de Olímpia, como nas gerações de analistas que poderão descender de mim e de meus atuais colegas de profissão, enfim, como... *todas as vezes que*... alguém há de amparar o outro, de maneira bastante criativa, e com um autêntico desejo, de modo a fazê-lo viver e crescer, como coube a nós.

Por fim, será sumamente importante, ou antes crucial, não o fato de repetir, em si, mas *como* repetir, e *com quem*: para sair do torvelinho demoníaco da compulsão e atracar, mais cedo ou mais tarde, às cobiçadas margens de um reencontro/revisitação benigno e compartilhado, que é ao mesmo tempo a premissa necessária e o fruto precioso do *Durcharbeiten* psicanalítico.

Referências

Adler, A. (1911). Beitrag zur Lehre von Widerstand. *Zentralblatt der Psychoanalyse*, 1, 215 N.

Alvarez, A. (2017). The role of emotion in thinking: technical issues arising from the problem of deficits in the internal object. Relazione al convegno *Interpretare: parola, voce, transform/azione. Percorsi della "talking cure"*, Centro Milanese di Psicoanalisi, 9 jun. 2018.

Andrade de Azevedo, A. M. (1994). Validación del proceso clínico psicoanalítico. El papel de los sueños. *International Journal of Psychoanalysis*, 10, pp. 191-205.

Atwood, G., Stolorow, R. (1984). *Structures of Subjectivity*. The Analytic Press, Hillsdale (NJ).

Bach, S. (2016). *Chimeras and Other Writings. Selected Papers by Sheldon Bach*. International Psychoanalytic Books (IPB), New York.

Baranger, M., Baranger, W. (1969). *Problemas del campo psicoanalítico [Problems of the analytic field]*. Kargieman, Buenos Aires.

Bertolucci, A. (1929). Assenza. In: *Sirio*. Alessandro Minardi, Parma.

Bibring, E. (1943). The conception of the repetition compulsion. *Psychoanalytic Quarterly*, 12, pp. 486-519.

Bion, W. R. (1962). Learning from experience. In: *Seven servants*. Aronson 1977, New York.

Bion, W. R. (1971). Attention and interpretation. In: *Seven servants*. Aronson 1977, New York.

Bleger, J. (1967). *Simbiosi e ambiguità*. Tr. it. Libreria Editrice Lauretana, Loreto, 1990.

Bollas, C. (1989). *L'ombra dell'oggetto*. Tr. it. Raffaello Cortina, Milano, 2018.

Bolognini, S. (1991). Gelosie progressive. *Gli Argonauti*, 13, 48, pp. 45-56.

Bolognini, S. (1997). Empatia e patologie gravi. In: Correale, A., Rinaldi, L. (org.), *Quale psicoanalisi per le psicosi?* Raffaello Cortina, Milano.

Bolognini, S. (2002). *L'empatia psicoanalitica*. Bollati Boringhieri, Torino.

Bolognini, S. (2004). La complexité de l'empathie psychanalytique: Une exploration théorique et clinique. *Revue Française de Psychanalyse*, 3, pp. 877-896.

Bolognini, S. (2008a). *Passaggi segreti. Teoria e tecnica della relazione interpsichica*. Bollati Boringhieri, Torino.

Bolognini, S. (2008b). Real wolves and fake wolves. Alternating between repression and splitting in complex clinical cases. In: Bokanowsky, T., Lewkowicz, S. (org.), *Splitting of the ego in the Process of Defense*. IPA Publications, Karnac, London.

Bolognini, S. (2010a). Passaggi segreti verso l'inconscio. Stili e tecniche di esplorazione. *Rivista di Psicoanalisi*, 3, pp. 599-613.

Bolognini, S. (2010b). Empatia, atmosfera, rappresentazione. Nota clinica su una prima seduta. *Psicoterapia Psicoanalitica*, XVII, 2, pp. 9-18.

Bolognini, S. (2010c). Contratransferencia y atmosfera: Una sesion con Antonia. *Docta*, 6, pp. 74-78.

Bolognini, S. (2013a). Die institutionelle und die innere Familie des Analytikers. *Forum der Psychoanalyse*, 29, 3, pp. 357-372.

Bolognini, S. (2013b). In spite of my ego. Problem solving and the unconscious. In: Kay O'neill, M., Akhtar, S. (org.), *On Freud's "The Unconscious"*. Karnac, London.

Bolognini, S. (2014a). Interpsychique, intersubjectif, interpersonnel: Etats et passages. *Revue Psychosomatique*, 45, pp. 143-161.

Bolognini, S. (2014b). Lo interpsíquico: Estado normal, patología y las diferencias con lo interpersonal e intersubjetivo. *Revista de Psicoanálisis de la Asociacion Psicoanalitica de Madrid*, 71, pp. 3-23.

Bolognini, S. (2014c). *Il femminicidio. Le radici profonde della violenza maschile contro le donne*. Conferenza a *Il lettino e la piazza*, Biblioteca Sala Borsa, Bologna, 8 marzo.

Bolognini, S. (2014d). Inauditum/Unerhoert!!!... Gewissen, Bewusstsein, Integration. Die Analyse als posttraumatische Erfahrung. In: Bozetti, I., Focke, I., Hahn, I. (org.), *Unherhoert – Vom Hoeren un Verstehen*. Fachbuch Klett-Cotta, Stuttgart.

Bolognini, S. (2015a). In between sameness and otherness. The analyst's words in interpsychic dialogue. In: Joyce, A. (org.), *Donald W. Winnicott and the History of the Present*. Karnac, London, pp. 17-30.

Bolognini, S. (2015b). Vinculos y intimidad. *Revista Peruana de Psicoanalisis*, 16, pp. 11-20.

Bolognini, S. (2016a). The interpsychic dimension in the psychoanalytic interpretation. *Psychoanalytic Inquiry*, 36, pp. 1-10.

Bolognini, S. (2016b). Plaisir, maîtrise et légitimation narcissique, les points cardinaux de la perversion. In: *Le Coq Heron. Voix de la psychanalyse italienne, aujourd'hui*. Erés, Paris.

Bolognini, S. (2016c). Elementi di tecnica tra Sé e non-Sé. *Rivista di Psicoanalisi*, LXII, 1, pp. 5-26.

Bolognini, S. (2017a). Conviction, persuasion, suggestion. In: Abella, A., Déjussel, G. (org.), *Conviction, Suggestion, Seduction*. Presses Universitaires de France, Paris, pp. 51-62.

Bolognini, S. (2017b). Zwischen Gleichsein und Anderssein. Die Worte des Analytikers im interpsychischen Dialog. *Forum der Psychoanalyse*, 33, pp. 385-399.

Bolognini, S. (2018). Incanti e disincanti nella formazione e nell'uso delle teorie psicoanalitiche sulla realtà psichica. *Rivista di Psicoanalisi*, 3, pp. 533-548.

Bonfiglio, B. (2018). *Simbiosi, fusionalità e costruzione della soggettività. Parlando di clinica*. FrancoAngeli, Milano.

Bonfiglio, B. (2019). Il difficile viaggio alla scoperta della fusionalità. Relazione al convegno *Fusionalità. Storia del concetto e sviluppi attuali*, Roma, 23-24 mar.

Botella, C., Botella, S. (2001). *La figurabilité psychique*. Delachaux et Niestlé, Lausanne/Paris.

Bouvet, M. (1956). La clinica psicoanalitica. La relazione oggettuale. Tr. it. in: *A che punto è la psicoanalisi*. Gherardo Casini, Roma, 1969, pp. 35-86.

Busch, F. (2014). *Creare una mente psicoanalitica. Un metodo e una teoria psicoanalitica*. Tr. it. Armando, Roma, 2016.

Busch, F. (2019). *The Analyst's Reveries. Explorations in Bion's Enigmatic Concept*. Routledge, London-New York.

Campanile, A. (1974). Paganini non ripete. In: *Asparagi e immortalità dell'anima*. Rizzoli, Milano.

De Bono, E. (1970). *Lateral Thinking. Creativity Step by Step*. Harper, New York.

De Moncheaux, C. (1978). Dreaming and the organizing function of the ego. *International Journal of Psychoanalysis*, 59, pp. 443-453.

Duncker, K. (1945). On Problem Solving. *Psychological Monographs*, 58 (5, Whole No. 270).

Faimberg, H. (1998). Transgenerationnel-Intergenerationnel. In: De Mijolla, A. (org.), *Dictionnaire International de la Psychanalyse*. Dunod, Paris.

Faimberg, H. (2005). *The Telescoping of Generations. Listening to the Narcissistic Links between Generations*. Routledge, London-New York.

Faimberg, H., Kaës, R., Enriquez, M., Baranes, J. J. (1993). *Transmission de la vie psychique entre générations*. Dunod, Paris.

Falci, A. (2017). Le implicazioni dei "sistemi mirror" e della "simulazione incarnata" nelle teorie della mente e nelle attuali concezioni teoriche e cliniche delle psicoanalisi contemporanee. In: Busato Barbaglio, C., Meterangelis, G., Pirrongelli, C., Solano, L. (org.), *Anticipare il futuro. La psicoanalisi oggi*. FrancoAngeli, Milano. pp. 239-266.

Ferro, A. (1994). Del campo e dei suoi eventi. *Quaderni di Psicoterapia infantile*, 30.

Ferro, A. (1995). *Lo sviluppo del concetto di campo in Europa*. Relazione alla "Giornata in onore di Willy Baranger", Buenos Aires.

Ferro, A. (1998). Il sogno della veglia. Teoria e clinica. *Rivista di Psicoanalisi*, 44, pp. 117-128.

Ferro, A. (2001). *Seeds of Illness and Seeds of Recovery. The Genesis of Suffering and the Role of Psychoanalysis*. Routledge/New Library, London.

Filippini, S., Ponsi, M. (1992). Sul concetto di preconscio. *Rivista di Psicoanalisi*, 38, 3, pp. 639-685.

Fliess, R. (1942). The metapsychology of the analyst. *Psychoanalytic Quarterly*, 11, pp. 211-227.

Fonda, P. (2000). La fusionalità e i rapporti oggettuali. *Rivista di Psicoanalisi*, 3, pp. 429-449.

Fonda, P. (2019). La fusionalità. Uno dei meccanismi elementari dello psichismo umano. Relazione al convegno *Fusionalità. Storia del concetto e sviluppi attuali*, Roma, 23-24 mar.

Fornari, F. (1976). *Simbolo e codice*. Feltrinelli, Milano.

Fornari, F. (1979). *Cinema e icona*. Il Saggiatore, Milano.

Fornari, F. (1980). *I fondamenti di una teoria psicoanalitica del linguaggio*. Boringhieri, Torino.

Fornari, F. (1981). *Il codice vivente*. Boringhieri, Torino.

Fosshage, J. (1997). The organizing functions of dream mentation. *Contemporary Psychoanalysis*, 33, pp. 434-458.

Freud, S. (1905). *Tre saggi sulla teoria sessuale*. OSF, vol. 4.[1]

1 Para a tradução italiana dos textos de Sigmund Freud nos referimos às *Opere*, editadas pela Boringhieri, Turim, 1967-1980, em 12 volumes, citadas aqui com o OSF e o número do volume.

Freud, S. (1914). *Ricordare, ripetere e rielaborare*. OSF, vol. 7.

Freud, S. (1915a). *Lutto e melanconia*. OSF, vol. 8

Freud, S. (1915b). *L'Inconscio*. OSF, vol. 8.

Freud, S. (1920). *Al di là del principio del piacere*. OSF, vol. 9.

Freud, S. (1938). *Compendio di psicoanalisi*. OSF, vol. 11.

Gabbard, G. O., Wilkinson, S. M. (1994). *Management of Countertransference with Borderline Patients*. American Psychiatric Press, Washington, DC.

Gaddini, E. (1980). Note sul problema mente-corpo. In: *Scritti*. Raffaello Cortina, Milano, 1989.

Gaddini, E. (1982). Acting out in the psychoanalytic session. *International Journal of Psychoanalysis*, 63, pp. 57-64.

Gallese, V., et al. (2003). The rootes of empathy: The shared manifold hypothesis and the neural basis of intersubjectivity. *Psychopathology*, 36, 4, pp. 171-180.

García Márquez, G. (1967). *Cent'anni di solitudine*. Tr. it. Feltrinelli, Milano, 1968.

Garma, A. (1970). *Nuovi studi sul sogno*. Astrolabio Ubaldini, Roma, 1974.

Godfriend-Haber, J., Haber, M. (2002). L'expérience agie partagée. *Revue Française de Psychanalyse*, 66, 5, pp. 1417-1460.

Goldberg, A. (1994). Farewell to the objective analyst. *International Journal of Psychoanalysis*, 75, pp. 21-30.

Gombrich, E. (1957). *Arte e elaone. Studio sulla psicologia ela rappresentazione pittorica*. Tr. it. Einaudi, Torino, 1965.

Green, A. (1974). Surface analysis, deep analysis. The role of the preconscious in psychoanalytical technique. *International Review of Psychoanalysis*, 1, pp. 415-423.

Green, A. (1993). *Il lavoro del negativo*. Tr. it. Borla, Roma, 1996.

Green, A. (1998). The primordial mind and the work of the negative. *International Journal of Psychoanalysis*, 79, pp. 649-666.

Green, A. (2000). The intrapsychic and intersubjective in psychoanalysis. *Psychoanalytic Quarterly*, 69, pp. 1-39.

Greenberg, J. (2001). The analyst's participation. A new look. *Journal of the American Psychoanalytic Association*, 49, 2, pp. 359-381.

Greenberg, J. (2012). Alterità e analisi dell'azione. Apresentado no Centro Psicanalítico de Bolonha em 19 abr. 2012.

Greenberg, R., Katz, H., Schwartz, W., Pearlman, C. (1992). A research-based reconsideration of the psychoanalytic theory of dreaming. *Journal of the American Psychoanalytic Association*, 40, pp. 531-550.

Greenberg, R., Pearlman, C. (1993). com integrated approach to dream theorycomontributions from sleep research and clinical practice. In: Moffitt, A., Kramer, M., Hoffmann, R. (org.), *SUNY Series in Dream Studies. The Functions of Dreaming*. State University of New York Press, Albany (NY), pp. 363-380.

Greenson, R. (1954). Il suono mmm. Tr. it. in: *Esplorazioni psicoanalitiche*. Bollati Boringhieri, Torino, 1999.

Grinberg, L. et al. (1967). Funzione del sognare e classificazione clinica dei sogni nel processo analítico. *Revista de Psicoanalisis*, 24.

Grinberg, L., Grinberg, R. (1976). *Identidad y cambio*. Ediciones Paidós Iberica, Barcelona.

Guss Teicholz, J. (1999). *Kohut, Loewald and the Postmoderns. A Comparative Study of self and Relationship*. The Analytic Press, Hillsdale (NJ), pp. 182-189.

Hartmann, H. (1964). *Essays on ego Psychology: Selected Problems in Psychoanalytic Theory*. International Universities Press, New York.

Heimann, P. (1950). Sul controtransfert. Tr. it. in: Albarella, C., Donadio, M. (org.), *Il controtransfert*. Liguori, Napoli, 1986.

Heimann, P. (1955-1956). La dinamica delle interpretazioni di transfert. Tr. it. in: *Bambini e non più bambini*. Borla, Roma, 2005.

Herrigel, E. (1948). *Lo Zen e il tiro con l'arco*. Tr. it. Adelphi, Milano, 1999.

Jacobs, T. H. (1986). On countertransference enactment. *Journal of the American Psychoanalytic Association*, 34, pp. 289-307.

Jacobson, E. (1964). *Il Sé e il mondo oggettuale*. Tr. it. Martinelli, Firenze, 1974.

Kaës, R. (1993). *Le groupe et le sujet du groupe*. Dunod, Paris.

Klein, M. (1955). Sull'identificazione. Tr. it. in: *Nuove vie della Psicoanalisi*. Il Saggiatore, Milano, 1996.

Klein, M. (1961). *Narrative of a Child Analysis*. Hogarth, London.

Kohut, H. (1971). *Narcisismo e analisi del Sé*. Boringhieri, Torino, 1976.

Kramer, M. (1993). The selective mood regulatory function of dreaming: An update and revision. In: Moffitt, A., Kramer, M., Hoffmann, R. (org.), *The Functions of Dreaming*. Albany, New York State University Press. pp. 139-195.

Kris, E. (1952). *Ricerche psicoanalitiche sull'arte*. Tr. it. Einaudi, Torino, 1967.

Lagache, D. (1951). Le problème du transfert. *Revue Française de Psychanalyse*, 16, 102.

Lagache, D. (1953). Alcuni aspetti della traslazione. Tr. it. in: Genovese, C. (org.), *Setting e processo analitico. Saggi sulla teoria della tecnica*. Raffaello Cortina, Milano 1988.

Laplanche, J., Pontalis, J.-B. (1967). *Enciclopedia della psicanalisi*. Tr. it. Laterza, Roma, 1973.

Loewald, H. (1979). The waning of the Oedipus complex. *Journal of the American Psychoanalytic Association*, 27, pp. 751-775.

Lombardozzi, A. (2019). Stati fusionali e funzioni di oggetto Sé. Configurazioni del campo analitico. Apresentado na convenção *Fusionalità. Storia del concetto e sviluppi attuali*. Roma, 23-24 mar.

Lopez, D. (1976). *Aldilà della follia, aldilà della saggezza*. Guaraldi, Rimini.

Lopez, D. (1983). *La psicoanalisi della persona*. Boringhieri, Torino.

Losso, R. (2000). *Psicoanalisi della famiglia. Percorsi teorico-clinici*. FrancoAngeli, Milano.

Losso, R. (2003). L'intrapsichico, l'interpersonale e il transpsichico nella psicoanalisi di coppia. Relazione al Centro Psicoanalitico di Firenze, 30 gennaio.

Maeder, A. (1912). Uber die Funktion des Traumes. *Jahrbuch für psychoanalytische und psychopathologische Forschung*, 4, 2, pp. 692-707.

Mahler, M. S. (1968). *On Human Symbiosis and the Vicissitudes of Individuation*. International Universities Press, New York.

Mahler, M. S. (1972). On the first three subphases of the separation-individuation process. *International Journal of Psychoanalysis*, 53, pp. 333-338.

Matte Blanco, I. (1975). *L'inconscio come insiemi infiniti.* Tr. it. Einaudi, Torino, 1981.

Matte Blanco, I. (1988). *Pensare, sentire, essere.* Tr. it. Bollati Boringhieri, Torino, 1995.

Meterangelis, G. (2019). Fusionalità e svolta relazionale. Apresentado na convenção *Fusionalità. Storia del concetto e sviluppi attuali.* Roma, 23-24 mar.

Metcalfe, J., Wiebe, D. (1987). Intuition in insight and noninsight problem solving. *Memory C Cognition*, 15, pp. 238-246.

Micati, L. (1993). Quanta realtà può essere tollerata? *Rivista di Psicoanalisi*, 39, pp. 153-163.

Milner, M. (1955). Il ruolo dell'illusione nella formazione del simbolo. Tr. it. in: Klein, M., Heimann, P., Money-Kyrle, R. (org.), *Nuove vie della psicoanalisi.* Il Saggiatore, Milano, 1971.

Nacht, S., Viderman, S. (1960). The pre-object universe in the transference situation. *International Journal of Psychoanalysis*, 41, pp. 385-388.

Negri, R. (1994). *Il neonato in terapia intensiva. Un modello neuropsicoanalitico di prevenzione.* Raffaello Cortina, Milano.

Nietzsche, F. (1882). *La gaia scienza.* Tr. it. Einaudi, Torino, 2015.

Ogden, T. H. (2003). This art of psychoanalysis. Dreaming underdreamt índro and interrupted cries. *International Journal of Psychoanalysis*, 85, pp. 857-878.

Osborn, A. F. (1962). Developments in creative education. In: Parnes, S. J., Harding, H. F. (org.), *A Source Book for Creative Thinking.* Scribners, New York, pp. 19-29.

Pallier, L. (1990). Fusionalità. In: Neri, C., Pallier, L., Petacchi, G., Soavi, G. C., Tagliacozzo, R. (org.), *Fusionalità.* Borla, Roma.

Pazzagli, A. (2017). La sindrome di Stendhal e la nosografia psichiatrica. *Psicoanalisi*, 1, pp. 103-110.

Pessoa, F. (1982). *Il libro dell'inquietudine di Bernardo Soares*. Tr. it. Feltrinelli, Milano, 2013.

Pierri, M. (2018). *Un enigma per il Dottor Freud. La sfida della telepatia*. FrancoAngeli, Milano.

Pine, F. (1990). *Drive, ego, Object C self. A Synthesis for Clinical Work*. Basic Books, New York.

Prengler, A. (2001). El niño del carretel: una visita a Ernst Freud. *Fort-Da – Revista de Psicoanálisis con Niños*, 3, aprile.

Racamier, P. C. (1992). *Il genio delle origini*. Tr. it. Raffaello Cortina, Milano, 1993.

Reik, T. H. (1948). *Listening with the Third Ear. The Inner Experience of a Psychoanalyst*. Grove Press, New York.

Rizzolatti, G., Sinigaglia, C. (2006). *So quel che fai. Il cervello che agisce e i neuroni specchio*. Raffaello Cortina, Milano.

Rosenfeld, H. (1971). A clinical approach to the psychoanalytic theory of the life and death istincts: na investigation into the aggressive aspects of narcissism. *International Journal of Psychoanalysis*, 52, pp. 169-178.

Rosenfeld, H. (1987). *Impasse and interpretation*. Tavistock Publications, London.

Rumiati, R. (2006). Creatività. In: *Psiche. Dizionario di psicologia, psichiatria, psicoanalisi, neuroscienze*. Einaudi, Torino.

Sander L. W. (1975). Infant and caretaking environment: Investigation and conceptualization of adaptive behaviour in a system of increasing complexity. In: Anthony, E. J. (org.), *Explorations in Child Psychiatry*. Plenum Press, New York.

Schafer, R. (1959). Generative empathy in the treatment situation. *Psychoanalytic Quarterly*, 28, pp. 347-373.

Schafer, R. (1964). The clinical analysis of affects. *Journal of the American Psychoanalytic Association*, 12, pp. 275-299.

Schafer, R. (1983). *L'atteggiamento analitico*. Tr. it. Feltrinelli, Milano, 1984.

Segal, H. (1957). Notes on symbol formation. *International Journal of Psychoanalysis*, 38, pp. 391-397.

Segal, H. (1994). Phantasy and reality. In: *The Contemporary Kleinians of London*. International Universities Press, New York.

Shelley, P. B. (1820). *Ode al vento occidentale*. Tr. it. in: *Opere*. Einaudi-Gallimard, Torino, 1995.

Soavi, G. C. (1989). Il mito dell'eterno ritorno e la sua importanza nella strutturazione del Sé. *Rivista di Psicoanalisi*, 35, pp. 787-805.

Spitz, R. A. (1965). *Il primo anno di vita*. Tr. it. Armando, Roma, 1975.

Steiner, J. (1993). *Rifugi della mente*. Tr. it. Bollati Boringhieri, Torino, 1996.

Sterba, R. (1934). The fate of the ego in analytic therapy. *International Journal of Psychoanalysis*, 15, pp. 117-126.

Tustin, F. (1981). *Stati autistici nei bambini*. Tr. it. Armando, Roma, 1983.

Yalom, I. (1970). *Teoria e pratica della psicoterapia di gruppo*. Tr. it. Boringhieri, Milano, 1974.

Van Os, J., Reininghaus, U. (2016). Psychosis as a transdiagnostic and extended phenotype in the general population. *World Psychiatry*, 2, pp. 118-124.

Wallas, G. (1926). *The Art of Thought.* Watts, London, 1949.

Wertheimer, M. (1959). *Il pensiero produttivo.* Tr. it. Giunti, Firenze, 1965.

Widlöcher, D. (2001). The treatment of affects. An interdisciplinary issue. *Psychoanalytic Quarterly*, 70, pp. 243-264.

Widlöcher, D. (2003). La personne du psychanalyste et les processus d'empathie et de copensées. *Bulletin Féderation Européenne de Psychanalyse*, 57, pp. 89-95.

Winnicott, D. (1971). *Gioco e realtà.* Tr. it. Armando, Roma, 1979.

Wisdom, J. O. (1967). Testing an interpretation within a session. *International Journal of Psychoanalysis*, 48, pp. 44-52.